Ignacio Peyró

Comimos y bebimos

Notas de cocina y vida

x

x

x

LIBROS DEL Asteroide

Publicado por Libros del Asteroide S.L.U.
Avió Plus Ultra, 23
08017 Barcelona
España
www.librosdelasteroide.com

ISBN: 978-84-17007-57-7
Depósito legal: B. 20.797-2018
Impreso por Reinbook, serveis gràfics, S.L.
Impreso en España — Printed in Spain
Diseño de colección: Enric Jardí
Diseño de cubierta: Duró

Este libro ha sido impreso con un papel ahuesado,
neutro y satinado de ochenta gramos, procedente de bosques
correctamente gestionados y con celulosa 100 % libre de cloro,
y ha sido compaginado con la tipografía Sabon en cuerpo 11.

Comimos y bebimos

Índice

Prólogo

El manejo del fuego

En el verano del año 2003, un fuego estuvo a punto de arrasar la finca de mi padre y cambiar hacia la tragedia el destino de una familia hasta entonces normal y feliz. Fueron días de mucha congoja. El incendio había saltado el río desde la orilla de Portugal —donde cada año parecía arder medio país— hasta la de Extremadura. Un viento muy caliente llevaba por el aire las pavesas; el cielo tenía ese color desolación que nunca olvida quien ha visto el cielo de un incendio.

Los hombres de la comarca nos reuníamos —aunque uno ahí solo figurase a título turístico— en un alto desde el que se dominaban los contornos. En ese cerro se sorteaban los puestos para las monterías en invierno y, con la misma cantidad de todoterrenos y coches machotes, se intentaba definir la estrategia de ataque contra el incendio ese verano. Para la lucha contra el fuego se habían presentado, como suele ocurrir, menos soldados que coroneles. Y quienes sentían que en el grupo de mando no se hacía caso a su criterio pasaban pronto a engrosar esas tertulias, entre cariacontecidas y chuscas, que tienen lugar entre nosotros hasta, o sobre todo, en las circunstancias de tristeza más solemne, de un accidente a un tanatorio. Al final, la autoridad —Guardia Civil, bomberos de la Junta, Ministerio— terminó por hacerse con la situación, no sin el escepticismo por lo bajo de esos mismos comentaristas, entre quienes había una muy democrática mezcla de amos, jornaleros y mirones. Pero, apartada de su discurrir habitual, la vida —lo recuerdo— paraba en días extraños: lejos del horario de trabajo de siempre, en la práctica, no teníamos otra tarea que esperar. Bajo un cielo enrarecido de humo, mareados de calor, el fuego seguía quemando, y lo que podíamos perder —esas barreras de encinas y carrascas y alcornoques y animales— aparecía ante los ojos con una luz y una belleza más potentes que nunca: con la urgencia de amor que da el peligro.

Así estuvimos dos, tres días, sin convertir el susto en rutina pero —de alguna manera— amoldándonos a él. Al mediodía, cuando volvíamos a comer, la casa tenía —como siempre— esa sombra y ese frescor azulado que le daban las ventanas cerradas para protegerla de la luz de julio-agosto. El silencio, sin embargo, era más grave de lo habitual: era como ese parón súbito, por ejemplo tras una discusión, en que hasta las mismas cosas parecen quedarse tensas y calladas y, si alguien da en hablar, se le hacen gestos para que baje la voz y se le dice en susurros que «no está el horno para bollos». Un sigilo de siesta trasplantado a la hora rara de antes de comer. Sentado a la mesa, mi padre —de por sí hombre de silencios poderosos— miraba en torno con un gesto escasísimo de ver: los ojos desangelados, el labio fruncido, la nariz replegada —su gesto de los momentos muy malos. No era para menos: ese campo —esa finca— era y es su vida, aunque él sin duda hubiera desaprobado ponerlo en términos tan dramáticos.

Quizá por la amenaza antigua del fuego, una fuerza todavía más primitiva que la guerra, en la casa se dio lo que solo puedo explicarme como un repliegue ancestral: puede ser que uno solo fuera a hacer bulto ahí fuera, pero la sensación al salir del cortijo era que las mujeres nos despedían como si fuésemos a luchar contra los amalecitas o tuviésemos que traer de vuelta, tras riesgos y tormentas, la humeante canal de un jabalí. Tal vez eso explicara, al final de todo, el silencio de la casa: era el silencio de quienes velan, de quienes guardan una ausencia. Algo muy antropológico. Pero el hecho de que nos despidieran casi agitando pañuelos también iba a explicar lo que ocurrió un mediodía a nuestra vuelta, cuando nos sentamos a comer —eran días de excepción— sin ni siquiera ducharnos. Mi madre se había hecho a los fogones. Mi madre, cocinera capaz de un aristocrático desdén a su propio talento, con la desenvoltura en la cocina de un Wellington en el campo de batalla, había decidido, sin decir nada a nadie, que nos merecíamos un gran recibimiento y una gran comida.

No sé de dónde se sacó el milagro del pescado fresco —salmonete, almeja, gamba— esos días, cómo lo negoció, a quién mandó a por él; tampoco sé de dónde sacó los ánimos para la trabajera de un arroz para pocos, ni por qué todo se dispuso sobre la mesa sin ningún énfasis, como para que hablara por sí mismo y la sorpresa tuviera que cundir sola en todo lo que va del jamón a los postres. Al verlo, mi padre no dijo nada —no podía ser de otra manera—, pero él mismo se levantó, como un rito propiciatorio, a por una botella de vino blanco. Y el arroz y una copa y dos copas nos fueron sacando alguna palabra de más contra el silencio, nos fueron reconstituyendo el color y la presencia de espíritu, para, terminada la comida, ser devueltos por fin al arte mayor de las siestas de verano. Ya resueltas en la mesa, las cosas, al poco, también mejorarían en el campo. La alegría, sin darnos cuenta, se había restaurado.

Y no hay duda de que la memoria saca brillo a la vida, y quizá esa comida que se me antojó palaciega a mi madre le resultara normal o fuera hija del cálculo —«hoy toca pescado»— propio de la cocina. Pero con ese incidente me pareció que algo cuadraba de modo profundo. Que se hacía justicia a la mujer —mi madre— a la que recordaba en las mañanas de verano, cuando tenía que encargarse de la comida, con arte de cocinera premiada y contabilidad de intendente. Que todo transparentaba esa acepción del amor que es el cuidado y que algo tiene que ver, en última instancia, con la comida y la familia, con el bendito mecanismo tribal del comer juntos. Y también me pareció que, por una afinidad misteriosa, el santo manejo del fuego en el hogar —la civilización— había podido contra la crudeza del fuego como amenaza fuera de la casa.

No me entretendré más: este libro está dedicado a mis padres.

Nacido en un momento en que los niños aún no soñaban con ser cocineros y los cocineros no eran maestros de moral, es posible que mi generación —hijos de la UCD y del primer González— haya sido la última en conocer algo parecido a la cocina familiar. Un país sin estrellas

Michelin, sin pizzas a domicilio y con vino a la hora de comer; en el que la quinoa real esperaba turno para salir del altiplano y las buenas gentes se tomaban con gran gusto pasteles adquiridos, según quiere el tópico, tras la misa de domingo. Un país, en fin, en el que el estirón económico de la mitad del siglo había borrado la memoria del hambre para enfrentarnos a problemas propios de las sociedades de la abundancia. No creo que el abandono de la cocina en las casas sea una catástrofe: para la humanidad en su conjunto, por decirlo de modo rimbombante, será mejor cocinar por gusto una vez a la semana que guisar por necesidad todos los días. En un mundo que nunca deja de dar pie a consideraciones melancólicas, en la cocina podemos —al menos— ponernos un poco optimistas. A la vez, tampoco vamos a poder reclamar el aprecio de la comida, el conocimiento demorado y el paladar agradecido de las generaciones que se vieron obligadas a cocinar —a dar de comer— a los otros cada día. Más en España, donde las cocinas regionales —y una cierta cocina nacional— brillaban en las casas lo que no lucían en restaurantes. Ejemplo drástico: cuando se muera Pepita, un portento de cocinera sevillana que conocí, se habrá quedado sin heredero una manera de freír a la andaluza. Y una manera de enredar al pescadero para llevarse las mejores pijotas.

Por mucho que amemos la memoria, sin embargo, la inventiva de la cocina es una alegría capaz de reprimir toda nostalgia: echo mucho de menos algunos restaurantes, y este libro tiene no pocas salvas de homenaje, pero no podemos decir que los que abren son peores. Del mismo modo, la crítica —más venal o más informada— puede cansarnos, y aquí espero no haber hablado nunca de «propuestas» ni de «conceptos», ni haber escrito «producto» o «caldo» donde pueden ir «género» o «vino»; del mismo modo, tampoco espero haber alabado a cocineros por tener «una aproximación honesta» a su oficio —¡solo faltaría!— o por emprender «un diálogo entre tradición y vanguardia». Una de las cosas que hemos de agradecer a la cocina es que el afán por intelectualizarla suele caer en el ridículo: aprecia mucho más el acercamiento de la sensualidad. Aun así, la crítica es básica para distinguir lo bueno de lo malo, para que haya conversación, para que la industria prospere y —por supuesto— por el puro placer de leer al que sabe. Me voy a olvidar de algunos, pero cómo no acordarse de Bellver y de la Serna, de Sostres y Terrés, de Varona y de Maribona o de Alberto «Asturianos», también mesonero de pro. Yo mismo, con la estricta irregularidad que impone la pereza, he hecho algo parecido a crítica en *Época* o *Tapas*, en *El Confidencial Digital* o *The Luxonomist*. Mi agradecimiento a ellos. En el mejor de los casos, la escritura sobre cocina ha sabido encarnar no solo una retórica para especialistas o un mundanismo dichoso, sino —por decirlo al modo de Perucho— una estética del gusto y una belleza de vivir que va mucho más allá de la crudeza del comer. Temo que algo de eso se está perdiendo ahora —y este libro lo quiere reivindicar.

Dejaré clara mi posición. Culinariamente, soy un tradicionalista curioso o un conservador abierto. Detesto la cocina trampantojo y la nueva moda cuquicursi, y más que el barroco tecnológico o la fusión me interesan los cocineros que rebuscan en una tradición dada y la refinan. Me desalienta el restaurante como parque temático y me fastidia —como si sirviera de algo— toda comida que se lo ponga difícil a la conversación o al vino. Prefiero el hedonismo lento y no creo que nunca transija en el deshonor de guardar cola bajo la lluvia para un *ramen*. Llevo a las malas la obligación contemporánea de ser gourmet y huyo del cocinillas cargante. No desaprovecho una ocasión —también aquí— para dejar pasar de largo las polémicas y las modas del día. Echo de menos una cocina pegada a los ritmos del año y capaz de distinguir el tiempo ordinario de la fiesta, y aunque me gusten las almejas grandes como el puño de un niño, creo que un genio de la cocina popular fue arreglárselas para ennoblecer una materia prima solo corriente o hacer primores con alimentos considerados mediocres. Admiro los restaurantes que son más conocidos que su chef y, si desconfío del artista en el taller del pintor, aún más desconfío del artistazo en la cocina. En general, un gran higienizante es pagar por lo que uno come.

Más. Me gustan los riojas muy viejos y delgados y los muy jóvenes y juguetones. Los ródanos frescos y bien cubiertos, syrah o garnacha, norte o sur. La gloria jerezana, más de aperitivo que de sobremesa. El oporto y el invierno. El champán, pocas veces: cuando no es muy bueno, bien puede ocurrir que sea malo. Perderse en la Borgoña, que vale por todo un orbe del vino. Y reencontrarse allá en la margen izquierda de Burdeos, entre añadas de serena madurez y pompa otoñal. Confieso que no miro con disgusto a los nuevos viñadores radicales. Amamos lo que amó todo el mundo: el jamón recién cortado, las ostras más frescas, el otoño-invierno con sus aves y vivir en un país donde cada playa da nombre a un amor de verano y a una gamba. En la tradición, más los asados —comemos lo que podemos comer— que los guisos. Y si los años quitan la golosura que teníamos de niños y adolescentes, nos hacen admirar el lenguaje, la química, el milagro del arroz tal y como se cocina en la franja del Levante peninsular. Algo parecido ocurre con la verdura, del desdén infantil a la inquietud con que hoy esperamos los primeros espárragos. Lejos de España solo he echado de menos las cosas más inmediatas:* marmita de bonito, sardinas del norte o del sur, una bocanada de pimentón picante, la alegría y la mordiente de las cocinas que tienen aceite de oliva frente a las que no. La hermana ñora, la hermana piparra. Una buena chuleta. La morcilla, Dios mío, la morcilla.

Hay libros difíciles de explicar que resultan muy gratos de leer: este libro pertenece a los primeros y ojalá pueda estar entre los segundos. Consciente del pie de página que ha representado la literatura gastronómica, como escritor, la cocina me interesa para hablar de la vida y de los afectos. También, como pretexto para lo que dijo Bernard Frank: no es una misión menor de la literatura guardar para una generación posterior la vida de nuestras calles, y estas páginas son las calles —y las mesas— de mi vida. Como también son memoria y vida las ocasionales erudiciones festivas en que incurren estas notas.

Terminar un libro lleva consigo una melancolía muy

* Ciertamente, el magnífico Hispania de Javier «Pachín» Fernández es el mejor bálsamo de las ansias de los españoles que hemos vivido, como diría el exagerado duque de Rivas, junto a «las hórridas nieblas / del frío Támesis».

propia: no saber si volveremos a terminar otro. Terminar *Comimos y bebimos* añade una nueva: con estas páginas, agoto ese crédito de juventud que se nos da al nacer y rescato algún pecio de una educación sentimental entre los bares y las novias y los amigos y los restaurantes de Madrid. Es tiempo —cerca ya de los cuarenta años— de enterrarlo ahora. Cada vez más familiarizados con los triglicéridos que con los chuletones, ya lo que toca es agradecer esas compañías con las que alguna noche nos quisimos creer reyes del tiempo. A todos les debo algo: una inmersión en Sechuán o *clubland*, el sabor canónico del pesto, el secreto para que te tumbe y te levante un dry martini. Eduardo Barrachina, Carlos Fernández-Arias, Pepe Bernardo, Carlos Hernández Garay, Jesús Sánchez Guillén, Andrés Rojo: no reneguemos, hermanos, de la alegría que fue nuestra.

Londres, verano de 2018

Enero

La despensa eterna

La cocina es una de las mejores maneras que los hombres hemos encontrado para cortejar la felicidad y —por eso mismo— la cocina es también una de las mejores maneras de bendecir la vida y celebrar el acto gratuito de existir. No hacen faltas largas cogitaciones para comprobarlo: en el apremio de cada mañana, un desayuno bien fundamentado viene a restaurar el orden del mundo como una acotación dichosa, del mismo modo que el resopón del borracho —una pasta, un bocadillo con lo que haya aquí y allá— nos mandará a la cama con el confort del abrazo de una abuela. Hay un automatismo según el cual nuestra biología agradece un chuletón y media botella de vino hasta darnos su equivalente en términos de alegría. Así se instaura una mirada benigna, indulgente, sobre las cosas.

Órgano conservador, el estómago siempre se alimenta del pasado. Los hombres vivimos la cocina como una hijuela de la memoria, ese depósito de sensualidades por el cual alcanzan trascendencia personal el rugor de la corteza de un queso, el jaleo de la cocina en días de fiesta, las moras del final del verano o esas bandejas de dulces —buñuelos o rosquillas pringosas de azúcar—

que no se podían tocar hasta la hora de la merienda. Por algo se ha dicho que la nostalgia es una mermelada de frambuesa. Al probar, mil años después, una copa de Yquem, recuerdo el comentario de una amiga: «Es el olor de mi infancia». En realidad, poco importa si en los desvanes del gusto guardamos un helado de limón en pantalones cortos o aquella botella de vino de cuando aprendíamos a ser adultos. Comemos —escribe Léo Moulin— lo que nuestra madre nos enseñó a comer. Y en esos corredores que unen la memoria y el gusto redescubrimos otra felicidad de la cocina: la conformidad con el pasado, una sabiduría para la vida. A algunas almas, los pormenores culinarios siempre les han parecido una lírica de bajo vuelo, pero cabe preguntarse —como Baruzi a otros efectos— si sus gestos no nos ayudarán «a identificar los signos de un amor más sublime».

Desde luego, no todo es el recuerdo remoto del niño que se encarama a una silla para meter el dedo en el pastel. Con el tiempo, la comida será también esa liturgia que nos permite señalar unos días entre otros, como una prelación de la alegría. A poco que pensemos, en nuestros mejores momentos siempre o casi siempre ha mediado esa instancia de civilización que la cocina aporta a todo. Cada uno tendrá los suyos, de los arroces en mediodías de playa a esas fiestas familiares acompañadas de un guiso con más sustancia que la metafísica de Aristóteles. Cuántos primeros besos, en fin, no habrán encontrado su rumbo tras una copa de blanco. Ese es otro sedimento de luz en la memoria.

No volveremos nunca a las primeras fresas; en vano buscaremos, mientras caen con solemnidad las lascas de la trufa, el deslumbramiento de la trufa original. La cocina, sin embargo, tiene sus misericordias, y el gusto nos seguirá acompañando cuando ya empiecen a fallarnos el oído o la cadera. Es un aprendizaje interminable, que quizá comenzó el día que pasamos del colacao al café o tuvimos paladar para apreciar las alcachofas, y finalmente nos hace dignos para admirar las complejidades de un viejo Burdeos y sabios para reconocer cuándo un tomate es un tomate. Por eso, si la cocina es memoria, también es anticipación.

Y al comenzar el año, la vista es espléndida. Para quienes tenemos la sensualidad de las verduras, los primeros guisantes del Maresme son un instante de exaltación, en una estación que después irá culebreando por las huertas del Duero hasta trepar al norte con los guisantes de Guetaria, momento estelar de la creación. Después, todo se acumula: la costera de la anchoa, unos espárragos que —como la primavera— saben hacerse esperar, esa mañana en que por fin volvemos a desayunar cerezas. Año adentro, el bonito del norte inaugura las terrazas, y los espetos de sardina confirman las premoniciones de un verano que vamos a prolongar con el tomate en conserva y esos melones orondos, graves, capaces de ganar dulzura hasta la Navidad. Después, el otoño o el arte mayor de la cocina, con su séquito de pelo y pluma y las hermanas setas que hacen su cameo por los mercados. Mientras, el vino cosechero —*la purée septembrale*— rebosa de las cubas como una primicia. Sí, de un extremo a otro del año, todos los paisajes van a ir volcándose en la mesa igual que una despensa eterna. Es otra de las clemencias que la cocina aporta a la vida: si el mundo puede ser ingrato, en la cocina siempre hay algo bueno que esperar.

Seamos justos con la resaca

Los efectos del orujo de hierbas se miden en la escala de Richter y hay resacas que vendrán acompañadas de la trompetería del Apocalipsis cuando no de la intensidad penitencial de un miserere. En ocasiones, se ha dicho que la mejor manera de sortear la resaca es la ebriedad constante: ese fue el método que —leemos en la Sitwell— aplicó el caballero Jack Mytton, capaz de escamotear técnicamente la veisalgia, pero no el abrazo tan temprano de su muerte. Del café con sal al repollo hervido que aspiraban los griegos, la única certeza está en que el pacharán ilegal garantiza el despertar de un Gregor Samsa, mientras que las mañanas serán de terciopelo después de un Château Ausone.

Del mismo modo que la embriaguez ha tenido héroes, tratadistas, poetas e incluso cantos propiciatorios, su envés de vergüenza contó de siempre con pocos corifeos. Ahí apenas constan los bebedizos que preparaba el bueno de Jeeves para el zángano de Bertie Wooster, o las dudas de la crítica textual con esas *Vidas* de Aubrey escritas con el temblor caligráfico de quien bebió de más. Si han sido comunes las bravuconadas sobre la capacidad de ingesta alcohólica, se necesitaba el cuajo de un Disraeli para alardear de unas resacas que le podían durar una semana. Él nunca dijo «de esta copa no beberé».

Quién sabe si al final no hemos sido injustos con la resaca y su lección moral resumida, precisamente, en que en esta vida nos toca pagar todas las copas. Kingsley Amis habla de la «resaca metafísica»: a la euforia libatoria le seguirá un despertar de plomo, por ese mismo orden natural de los ciclos que da su lugar al placer y la agonía, al nacimiento y la devastación, como una manera de compensar la vida. Así que todavía habrá noches de «sed biológica», esas marejadas de euforia que estallan contra el hipocampo y —fatalmente— nos conducen a la barra a pedir otro whisky. Ese es el momento de la libertad, como la mañana siguiente es el momento de la responsabilidad, y siempre será el momento de la imperfección. La misma imperfección que nos hace dignos de amor, aprendices de experiencia, capaces de mejora, conscientes de la debilidad, humanos.

Se llamaba Currito

Para ir a Currito no hacía falta más que una de esas llamadas a la una y media de la tarde y el plan estaba hecho y la felicidad era una tromba. Currito era lugar más de comidas —de comidas sin prisa— que de cenas. Era también un restaurante de domingo, cuando apetece salir de Madrid sin salir de Madrid y aceptamos la Casa de Campo como campo. Ya dentro, camareros de género nacional servían a esas familias que llevan a la abuela a comer y en las que no suele faltar el adolescente ceñudo ni la niña con aparato dental a la que regañan por usar el móvil. También era fácil levantarse a mear y en la puerta del baño— tropezar con algún ex ministro felipista, un Ibarra o un Corcuera. En verdad, entrar en Currito con menos de cincuenta años —no digamos con veinte— requería un aplomo, parecía un sacrilegio. Pero uno no ha probado anchoas como esas, y las colas de rape parecían las últimas de toda la creación. Un rioja fino —un rioja «al gusto de Bilbao»— nos iba sirviendo de calefacción central.

Luego terminábamos la copa y salíamos a dar un paseo por la zona, que era —digamos— poco alentadora: algún payaso triste que vendía globos, merenderos con mesas de plástico y locales de esos que celebran bodas destinadas al divorcio. Era un desorden que parecía un abandono. Caminábamos, todo guantes y fulares, por la orilla del Lago. El agua daba frío. Mientras, veíamos a señores mayores que echaban pan a las carpas o compraban pipas para sus nietos en los puestos. Currito tenía una terraza para bendecir la primavera, pero era un sitio de comida cómoda, invernal y confortable, y era un sol ya muy incoloro el que nos acompañaba en el paseo hasta que —de regreso al coche— la oscuridad iba cayendo sin remedio. Ahora que lo pienso, quizá era un poco triste, pero nadie se ha muerto por un atardecer, menos aún si hay buen vino, buen amor, buena compañía. Al volver a casa, ya solo nos quedaban unas horas mínimas de domingo para la siesta tardía o el cine. Y el final de la tarde nos daba esa misma medida cómoda, invernal y confortable, perfectamente adecuada a la felicidad de los hombres.

Las naranjas de Reyes

Hay algo tan hermoso en los naranjos que incluso la peor de sus plagas, lejos de las resonancias vulgares del gorgojo o el pulgón, se conoce bajo el poético nombre de «tristeza». Resumen del sol, tiene su congruencia que Luis XIV propiciara un elegante culto a la naranja: si el *furor hortensis* del monarca logró domeñar la naturaleza para cultivar cítricos en la latitud de Versalles, la *Pharmacopée royale* no iba a dejar de recomendarlos para «fortalecer los cerebros, el corazón, el estómago y todas las vísceras». El propio soberano sería asiduo de un agua de azahar tan útil para sus gargarismos como para calmar las migrañas reales o aliviar sus caídas de caballo. Más líricamente, el rey, según nos cuenta Saint-Simon, mandaba aromatizar su bebida con unas leves gotas de *fleur d'oranger*, y las *Preciosas* de la Corte no tardaron en impregnar sus guantes, pañuelos y abanicos con aguas de olor capaces de convertir el palacio en «un amable céfiro» y un remedio médico en una picardía de seducción. Del *Grand Siècle* a nuestro siglo, cuando el roscón de Reyes se adueña de la casa con las trascendencias de la flor de azahar, bien podríamos caer en la cuenta de los precedentes versallescos de este gesto. O en la hermandad espiritual con la que cualquier piso de Valdebernardo emparenta, por un momento, con la belleza dramática de la Parasceve sevillana, con «los paraísos del Asia» que soñó Blasco Ibáñez —naturalmente, valenciano— o con la Italia esencial «donde florece el limonero». Al viajar al Mediodía y ver su primer naranjal, Andersen exclama: «¡Aquí, el paraíso está aquí!».

«Cítrico y eufórico», como proclama Joan Roca, el perfume de la naranja ha ido engrosando su propio archivo de distinciones. Aparece en la llama sagrada de las *crêpes Suzette*. Aporta su complejidad —ácido, amargo, dulce— al *canard à l'orange*. Aligera el cognac en el Grand Marnier y, en la copa de la media tarde, adensa las opalescencias del Cointreau. En realidad, la naranja puede acompañar todo nuestro día, en una cornucopia que también incluye el cidro y la sanguina, la bergamota y el calamondino, la lima y el limón y esos kumquats que antes llamábamos «naranjas de la China». De la mañana a la noche, está en la nota —aérea y ligera— del Earl Grey, en la concentración de amargor de la angostura o en el tirabuzón verde o amarillo que corona el gin-tonic. E incluso un aliento misterioso se cuela, desde los bancales de Setúbal, dentro de cada botella de moscatel.

En las declinaciones de la naranja, la responsable de generar mayor cantidad de escolástica es, sin embargo y sin duda, la *marmalade* británica: baste pensar que, para probar nuestro discernimiento, una afamada casa de ultramarinos de Londres acoge en su stock tres docenas de variedades. Como suele ocurrir, la controversia va de la mano de la fantasía, y a la mermelada de naranja se le han intentado componer prosapias del género grandilocuente, en todo lo que va de María Tudor a un duque de Wellington que se habría encontrado la golosina en España. Paparruchas aparte, la verdad prosaica apunta a unas virtudes del aprovechamiento capaces de alzar el milagro incluso en esa cocina inglesa tan pagana. ¿Qué hacer con cajas y más cajas de naranjas agrias? Vencerlas a través de la cocción y el azúcar hasta que resulten palatables. Así pudieron los británicos rubricar una de sus pocas contribuciones a la despensa universal, con esas ironías que acompañan todo lo suyo: zapatos que torturan, abrigos que no abrigan o —en este caso— dulces que amargan.

Sería el gremio, siempre hambriento, de los estudiantes —de los estudiantes de Oxford, en concreto— el destinado a patrimonializar la *marmalade*, a llevar sus tarros y su fama hasta el polo y a hacerla codiciadera para los esnobs del mundo. También fueron ellos, gentes eruditas al cabo, los responsables de discutir su canon hasta extremos infinitesimales, casi teológicos: ¿qué grosor debe tener la *zeste* de la naranja? ¿Cuál es su punto óptimo de dulzor? Auberon Waugh, hermano de Evelyn, intentó pacificar la cuestión al afirmar que «la esencia de una buena mermelada de naranja radica en que no sea demasiado dulce y que contenga toda la corteza que pueda tener, siendo aun así posible extenderla». Al final, la *marmalade* daría pie a una bella página de ida y vuelta: en el palacio donostiarra de Miramar, Alfonso XIII desayunaba confituras inglesas hechas con frutas andaluzas. *Chic* de la vieja Europa.

Por tener, los cítricos han tenido incluso sus lecturas negativas: pienso ahora en esas vanidades barrocas en las que, para cifrar las amarguras de la vida, una piel de limón posa junto a una calavera y un reloj de arena. Por suerte, Cézanne o Goya los elevarían a un arte más vital y más excelso en el siglo XIX, del mismo modo que, con un punto de candor, los ilustradores los harían populares en el XX. Y aunque no podamos mirar sin preocupación a quienes coleccionan el papel de seda de las naranjas, aquellos viejos timbrados iban a llevar una palabra de sentimentalidad española o mediterránea por el mundo. Y así, vemos en estos envoltorios ilustraciones con tópicos patrióticos (Trabuco, El Cid), aspiraciones de elegancia (Jardin de l'Alcazar), guiños al mercado local (naranjas Shakespeare) o evocaciones de pura fantasía (Kalúa) que podían mezclar sin miramientos la Polinesia con Burriana y el Caribe con Sagunto. Por entonces, una naranja en Londres o en París era un lujo efímero, en contraste con una España donde tuvo de siempre arraigo popular. Como refiere Marañón, «era la fruta de los toros, propicia a calmar la irritación de las gargantas enronquecidas por el entusiasmo o por la ira; o bien granadas de mano que se arrojaban a la cabeza del picador tumbón y del espada despavorido».

Por ese mismo arraigo no podemos recordar sin una pequeña punzada a aquellos niños de los pueblos pobres de Castilla, que por todo regalo de Reyes recibían una naranja como un golpe de luz. La miraban, la tocaban, la mostraban, fascinados por su color y su exotismo, y jugaban con ella toda la mañana. Luego, terminada la hora de la felicidad infantil, debían devolvérsela a sus padres. Castilla adentro, aquellos niños nada sabían de las vegas de naranjales junto al mar; menos aún de la Orangerie, tan lejana, de Versalles. Pero estoy convencido de que, en esas mañanas de Reyes, nadie tenía que explicarles por qué naranjas y naranjos abundan a la hora de representar el paraíso: ellos mismos lo habían tenido, por un instante, entre las manos.

La dieta de *clubland*

Después de dos gin-tonics o media botella de champán, trepar desde el bar hasta el comedor del Travellers lleva consigo el esfuerzo aeróbico de una subida a Alpe d'Huez: quien piense que exagero, hará bien en recordar que Talleyrand, socio del club, se mandó poner un agarradero extra en la escalera. Hay una placa —como siempre en Inglaterra— que lo recuerda. Por suerte, después del dolor viene la gloria: si el bar tiene el tamaño de bombonera preceptivo en *clubland*, el comedor se abre como un paisaje, con una vastedad de ventanales, caobas densas, brillos *sottovoce* de la plata y arañas que, más que colgadas del techo, parecen ancladas en un orden superior. Forma parte de los caprichos de los clubs que el comedor se llame *coffee room* cuando en el comedor no se sirve café.* En cualquier caso, su mera contemplación ya es suficiente para, una vez tras otra, reanimar a una membresía a la que habitualmente coge más

* El café se toma en el *smoking room*, donde, a su vez, no se puede fumar. En todo caso, la denominación de *coffee room* tiene una congruencia antigua: de finales del siglo XVII en adelante, los primeros clubs fueron «*coffee houses*».

lejos la cuarentena que el desfibrilador. Y no es solo el impacto estético de la sala. Porque tal vez no se sirva café, pero el *coffee room* es el jardín de las delicias del buen *chap*, la tierra de promisión del hombre de club: está en su terreno, está entre los suyos, está —de los viejos burdeos a la carne de caza— entre las cosas que le gustan. Y de esa copa de champán en el bar, mirando el verde paraíso de los Carlton Gardens, al comedor que sobrevuela Pall Mall, se cumple la primera estación de un camino de perfección que solo terminará horas más tarde, cuando, derrotados de celebraciones, nos quedamos dormidos en el chester y solo nos despierta el ruido de la copa de armagnac al caer sobre la alfombra. Es el momento de que el portero nos meta en un taxi y nos mande a casa.

Al contrario que para la perfección evangélica, aquí no son muchos los llamados, y son muchos menos los elegidos. No resulta fácil hacerse habitual de *clubland*. No es solo que los clubs sean pocos, que los clubs orto-doxos —los únicos que valen la pena— sean poquísimos, o que se concentren entre el poder de Saint James y la gloria de Pall Mall. Menos aún importa que sean «exclu-sivos», expresión de revista que vale lo mismo para un cuatro por cuatro o un vodka hortera.* En *clubland* uno forma parte o no forma parte, uno hace suyo el código o no lo hace: del Travellers a Buck's y de Brooks's al Athenaeum, *clubland* es un barrio del espíritu, una cata-cumba masculina, un «mapa de afectos», como dirían

---

* Preguntado el secretario de uno de los clubs clásicos si es posi-ble acelerar los plazos de entrada, este admitió que los trámites se aceleran en casos concretos. Por ejemplo, «si el candidato tiene más de ochenta años».

los franceses, una hermandad secreta y volante cuyos miembros, de Bombay a Buenos Aires, son capaces de distinguirse entre sí por el modo de pagar una ronda o de dirigirse por su nombre al camarero.* *Clubland* es ese elenco gestual por el que la comanda se escribe, no se dicta; los zapatos son del color que uno quiera en el entendido de que serán siempre negros; la sobremesa no existe o, mejor dicho, solo existe fuera del comedor, y quien pide ginebra tras la cena se ve excluido del trato social. Ya no recuerdo quién, para avergonzar a su padre, se plantó vestido de *tweed* en la puerta de White's: *clubland* es eso. Un lugar donde no se espera en la mesa, sino en el bar, y donde no se paga si no es a la cajera: ambiente de mal encaje con los ritmos contemporáneos, la tarjeta de crédito se ha aceptado tarde y a regañadientes, pero ¿qué esperar de un sitio como Boodle's, donde hervían las monedas antes de dar el cambio?

Estos detalles los encuentra muy entretenidos el mundo; el mismo mundo al que le choca que el móvil esté prohibido, que no se pueda hablar de negocios o que sea preceptiva la corbata: en *clubland*, fiel a sus usos, lo importante es no llevar corbata a rayas salvo que esa corbata a rayas sea de un club. Todas estas nor-

---

* El buen trato al personal del club es distintivo, aunque se han conocido excepciones: lord Glasgow lanzó a un camarero a las jardineras y pidió simplemente que se lo pusieran en la cuenta. Eran otros tiempos. No ha cambiado el dirigirse a camareros y porteros por su nombre de pila. Como esto puede causar problemas entre una masa de socios con edad de tener problemas de memoria y de próstata, en Pratt's decidieron que, puertas adentro del club, todos se llamaran «George». Cuando, en los ochenta, entró a trabajar como camarera la primera mujer, se decidió que todas se llamaran «Georgina».

mas, por supuesto, tienen que ver con la particularidad británica, pero van mucho más allá, y su razón de ser bien puede resumirse en el intercambio que tuvo lugar entre dos socios del comité general de un reputado establecimiento:

—¿Deberíamos incluir entre las normas la obligatoriedad de los zapatos negros?

—No, así sabemos quién es de los nuestros y quién no.

Sí, la política interna es uno de los grandes entretenimientos de un club, y dentro de Saint James hay desafectos y pasiones contrarias como los hay fuera. Aun así, y según va implícito en el diálogo citado, entre *chaps* siempre habrá una fraternidad previa, como un sentido del honor que limitara el desencuentro. Y en ese «distrito masculino» que es *clubland*, con sus camiseros y sus cavas de cigarros, con sus zapateros y sus bodegas, tal prevención es muy sabia: no en vano, lo fácil es ir dando con tus pares aquí y allá, sea en la biblioteca de tu club, en el *smoking room* de otro, o trotando por la acera de Piccadilly, porque resulta que llegan tarde a la reunión de la Geological Society.

A poco que se piense, resulta casi endiablada la inteligencia, la sofisticación del club como institución de la sociabilidad humana en general y —hasta no hace tanto— masculina en particular. Es el sitio donde reunirte con tus iguales e invitar a los ajenos. Donde tener «una casa lejos de casa», pero con las hechuras y consuelos estéticos de un palacio. Un lugar donde reencontrarse con los viejos amigos o, si uno lo prefiere, conocer gentes de interés. Es el invento ideal para cuando uno desea sacudirse la soledad, pero también el mejor microclima del mundo —entre libros y prensa, cafés y tés, whiskies y chesters— para estar solo, con la paz de un cenobio, y disfrutar de eso que Capek llamaba «el silencio de un caballero entre caballeros». Y aunque entrar puede resultar costoso, después los precios no lo son. La vida europea de interior —cafés italianos, salones franceses, tertulias españolas— ha recibido pocos elogios más sustantivos que el club entendido como domicilio y no como hotel: al recién llegado todavía le sorprende que, por esos pudores de la *privacy* británica, ni una placa anuncie el nombre de establecimientos conocidos en toda la tierra.

Compañía o soledad, hogar o palacio, en lo que no hay elección ni duda es en un punto: al club se va a beber. Y la vida de club puede entenderse desde ese eje, hasta el punto de que todo parecería una tramoya impecable para abandonarse a la bebida con garantías, porque —del champán inicial al malta final—, el club delimita un terreno para el placer. Véase: uno no está en público, sino que está con sus cuates; uno no se arruina, porque ni siquiera ha de pagar en el momento; uno no se arriesga al incidente conyugal, porque —en su origen y todavía en algunos— hay alcohol, pero no hay mujeres. En definitiva, el club, que incita al pecado y está pensado para el pecado, tiene sus muy ingleses *checks and balances* para acotar ese pecado. Se trata de domeñar el impulso bárbaro y restringir el daño de aquello que el padre Isla llamaba «accidente de sobrebebida». En definitiva, el club es el lugar para que un lord se convierta en un salvaje, pero dentro de un orden.

La comida no es una mera excusa para la bebida y, de hecho, buena parte de la conversación en los clubs, que gira en no poca medida en torno a los propios clubs, atiende al momento bueno o malo de la cocina, a las novedades del menú de la semana. La cocina de *clubland* es la cocina más conservadora del mundo, la más inmóvil, y ay del día y ay del cocinero que un día quiera incluir quinoa, o queso feta, o hummus de no sé qué. No se conoce el caso de que un kiwi haya traspasado nunca los umbrales del Carlton o el Savile, ni siquiera como decoración de ese plato, el cóctel de gambas, en el que la cocina de *clubland* cifra sus apetitos de exotismo y modernidad. La novedad, en definitiva, no es bienvenida. Y, aunque haya más salchichas que *sashimis*, y aunque se ha hecho mucha broma con sus lenguados momificados, la de los clubs es una cocina que «de ningún modo debe despreciarse» como señaló Anthony Powell, novelista egregio y bebedor fino cuya memoria está muy presente en el Travellers.

Cada club suele tener alguna especialidad: las chuletas Reform, por ejemplo, llevan dos siglos, desde los tiempos del cocinero Soyer, en el club; en algunos clubs de obediencia colonial —el Oriental o el East India—, lo propio puede ser el curry; si vamos al Caledonian, esperamos tomar whisky y *haggis* y huevo escocés, y hay una hermosura de otro tiempo en pedir un Buck's fizz en Buck's o el Orange fool de Brooks's.* A la vez, hay no pocos clásicos de club, *club classics*, comunes a todos. Siempre suele haber una terrina de ave, caza o cerdo, por ejemplo. El *beef* Wellington, plato fenomenalmente

---

* A cierto cocinero americano se le ocurrió preparar uno en su programa. La preparación del «Orange fool», que podríamos traducir con alguna libertad como «tontería de naranja», y que literamente significa «tonto» o «bobo» de naranja, indignó a los seguidores de Trump.

señorial, puede pedirse por encargo. Los espárragos o las frambuesas tienen gran demanda en temporada, y es típico también un *club grill* —«la parrilla es masculina», dicen los tratadistas de esta cocina— que incluye bacon, morcilla, casquería y demás. Fileteado muy fino, quien pida el hígado de ternera con bacon merecerá un sobresaliente en conducta en *clubland*. Para casos de desgana se puede pedir una tortilla y, en ocasiones de celebración, están a mano las ostras. No hace tanto tiempo, para los primeros platos fríos, había una mesa central con unos ahumados —trucha, salmón, anguila— que en Gran Bretaña son magníficos; una ordenanza europea, imagino, acabó con la costumbre, aunque no con la popularidad de los ahumados. Más entradas: un a modo de changurro con buey de mar de Norfolk o de Devon. Y las *potted shrimps*, unos camarones hechos con mantequilla, que se sirven sobre tostada y que suenan muy mal pero, fríos o calientes, saben muy bien.

Tras siglos dedicados a vaciar de bichos las parameras de Inglaterra y Escocia, los clubs tienen buena mano con la caza, y desde mediados de agosto —si es que no hay «cierre anual»—, se cumple una de las más raras leyes de la naturaleza: que la magnífica *grouse* levante el vuelo en una paramera de Yorkshire para reaparecer, con sus higadillos sobre un costrón de pan, junto al césped de Carlton Gardens. También en aves, gusta más la becada que el faisán —claro—, y uno ha probado jabalí, venado y corzo de excelente factura. ¿En pescados? El lenguado resulta indiscutible, de precepto; si uno no quiere arruinarse, puede cambiar este *Dover sole* por un primo pobre, el *Lemon sole*, que en realidad ni es *sole* ni es nada. También hay afición al rodaballo —pez solemne—, aunque no está de más decir que los británicos, por indicarlo con cierta suavidad, no son tan exigentes como los mediterráneos con la frescura del pescado. En materia cárnica, lo más viejo de la cocina inglesa siempre está presente: los *pies* o pasteles salados, tan dickensianos, de modo eminente el pastel de filete y riñones. Algunos clubs tienen además *trolley* o carrito, con un asado diario, que puede ser rosbif —maravilloso—, cordero, jamón, etc. En general, allá donde hay carrito, la tentación es pedirlo, el *trolley* siempre tiene un punto de ceremonia y de fiesta. Como se ve, la comida de *clubland* es la que le gustaría a un cadete en día de permiso, aunque casi siempre se paga el tributo de pedir unas verduras: espinacas —bien sabrosas en Inglaterra—, o patatas nuevas, muy blancas, muy pequeñas y muy buenas.

Al terminar el plato principal, uno o dos porteadores traerán el carro de los postres con una pompa que recuerda al Rubens de *El triunfo de la eucaristía*. Los postres son dulces sin disimulo ni remordimiento. Y aun cuando ser goloso no merezca reprobación, lo común es pasar a los quesos o, ante todo, a la más delicada invención de la cocina de *clubland*: la *savoury*, que imperfectamente podemos traducir como «bocado salado» y que es ni más ni menos que un triunfo de la sensualidad y la convivialidad, revelador de un conocimiento milimetrado de los apetitos humanos. Con la *savoury* se trata no ya de acabarse el vino, sino de aplazar con toda felicidad esa cosa un poco mohína que es el final de la comida. De modo colateral, claro, también sirve para rematar la botella, que las más veces será un *claret*, porque las bodegas de los clubs han sido los últimos reductos para tomar burdeos viejo y bueno sin necesidad de que te inviten.

Las *savouries* tienen nombres de fantasía: la más famosa es el «conejo galés», el *Welsh rarebit*, una tostada de queso, cerveza y nuez moscada que cabe inundar en salsa Worcestershire; la «becada escocesa» o *Scotch woodcock*, también célebre, consiste en una tostada de huevos revueltos con anchoas o una muy británica pasta de anchoas; los «ángeles a caballo» son ostras envueltas en bacon, muy populares, y en los «demonios a caballo» se sustituyen las ostras por ciruelas pasas. Hay muchas más *savouries*: hueva de arenque o de bacalao, sardinas, e incluso he leído sobre unos «canapés Ivanhoe». Como escribe Agnes Jekyll, tratadista de la materia, «al igual que el postre, una *savoury* debe tener el suficiente carisma como para atraer y mantener el interés de un apetito ya hastiado». Y, al contrario que el postre, todavía debe sugerirnos que abandonaremos la mesa, sí, pero orondos y contentos y sin prisas. De hecho, en la *club table* —la mesa alargada donde los socios pueden mezclarse para comer—, no es infrecuente que, de acuerdo con los mandamientos nunca escritos de la ética del *chap*, uno aproveche el momento del *Welsh rarebit* para devolver, con otra botella, la botella de vino a la que se le había invitado. Si en Francia, las *savouries* anglo «parecen algo bárbaro, casi inmoral», como escribe Jekyll, seguramente también lo parezca otra de las *mores* de los clubs: al terminar de comer con los amigos en la *club table*, uno simplemente se levanta y se va. Para que la alegría sea perfecta, lo mejor es tener cuenta abierta y que solo haya un día al mes de susto y cobro.

Hecha, como decíamos, para el hambre de un recluta, yo he podido ser testigo de los efectos a largo plazo de la dieta de *clubland*: un buen amigo que apenas se puede mover, y para quien ponerse a dieta es limitarse a una botella de vino al día. Es posible que, en términos de negociación vital, le compense: surgidos como agrupaciones de iguales —militares, funcionarios, periodistas, actores— o como facciones de incidencia política, los clubs son hoy una reserva de la belleza, una forma de vida conforme a usos quizá antiguos, pero tan venerables como agradables. ¿Mejor morir pronto, tomando rosbif y armagnac bajo la mirada de un retrato del duque de Wellington, o mejor cuidarse y compartir un aguacate con tu profesor de *spinning*? Con su apego a las alfombras, las cajas de rapé y el desgaste elegante de los cueros, la vida de club es la lealtad a un mundo que se va y a un hedonismo que en breves años desaparecerá del todo. Seamos, por tanto, generosos con esa clase que supo convertir en civilización la lucha contra el tedio urbano, y que se ha empeñado en preferir un salero de plata que no va a un salero de plástico que sí. A saber si no podrán, todavía, enseñarnos algo.

Una de las bendiciones de la vida en *clubland* es descubrir que a las dos de la mañana son las diez de la noche. Los viernes, gran día de club, uno puede tomar un jerez apenas pasado el mediodía, seguir bebiéndose la tarde y, tantas veces, quedarse a cenar. El sábado y el domingo serán días —en coincidencia con el cierre del club— para encerrarse en casa, para purgar la resaca o, si acaso, para despejarse en el campo. Los viernes, pasada la cena en Buck's o en el Travellers, uno aún podía cumplir el día festivo y dejarse caer por Annabel's: partícipe de su *grand finale* en 2017, aquella última noche no pude menos que pensar que los *gentlemen* británicos habían sucumbido definitivamente ante los jerarcas rusos, los magnates árabes y los millonarios chinos, como la derrota del gusto frente al dinero y el poder. Es poco el tiempo que nos queda. Mientras tanto, todavía habrá que aprovecharlo para la mayor felicidad que hay sobre la tierra: ir a cenar uno solo al club, sin reserva, con el *Spectator* y media botella de burdeos sobre la mesa. Con un poco de suerte, al levantar la vista, cae la nieve sobre Pall Mall o un mirlo avanza, a pequeños saltos, por el césped de Carlton Gardens.

Febrero

El primer bar

No elegimos los lugares; son los lugares los que nos eligen, o es el dedo de Dios el que nos guio en la tarde de lluvia a ese soportal y no a ese otro, a aquel bar donde esperamos los cinco minutos de un café mientras el humo se abraza con el aire y nos comprobamos sin mucho meditar en el espejo de la botillería. En mi primer bar fumé —fumamos— con la fe bulímica que en la adolescencia uno pone en el fumar. Mi primer bar pudo haber sido el de un poco más arriba, el de un poco más abajo: ahora está uno en la edad en que parece mentira haber tenido quince años pero a los quince años —recuerdo— uno es un ser sin defensas, sin criterio, acostumbrado a esas cafeterías a las que las madres nos llevan a merendar después del médico. El primer bar tenía los vidrios oscuros, emplomados, maderas graves, severos surtidores de cervezas y —gracias al cielo— grabados de caballos: por fuera sugería secretos, peligros, adulterios, las insinuaciones de una vida adulta, con hombres con traje y mujeres que fuman. Fue por algo —naturalmente— que lo elegimos. Es curioso: tuvimos un bar antes que una «gillette» pero no he de ponerme muy sensible: al fin y al cabo, a uno de nosotros le llamábamos «Moustache».

El primer bar estaba al lado del colegio y no era raro encontrarse a un profesor que —con toda la sabiduría de este mundo— pasaba el recreo tomando un brandy como quien acuna a un niño. Treinta o cuarenta años en el mismo lugar le habían conferido al bar un aire patrimonial en ese barrio de urbanismo apresurado, con calles que forman un campo semántico —Pez Volador, Sirio, Cruz del Sur— y mucha familia de supernumerarios. Éramos demasiado jóvenes como para tomar algo más que café y con el tiempo daríamos el paso hacia otro lugar donde descubrir el otro lujo adulto del aperitivo, sorbiendo como una maravilla de maravillas, el vermú de grifo que hoy arrojaríamos a los perros. Me acuerdo de los nombres de la muchachada, los releo en el álbum abarquillado que nos dejó el tiempo: Tochy, Roca, Rostra, Bernie; resulta pavoroso pensar que sobrepasamos con creces los treinta y ninguno tiene secretaria. Ni siquiera patrimonio.

Días atrás he vuelto al primer bar, quince, veinte años después: ni siquiera sabía si el bar estaba vivo pero, al trasponer la puerta, me acordé de aquella epístola de Séneca a Lucilio: «Después de mucho tiempo he vuelto a ver tu Pompeya y he vuelto a vivir los días de mi juventud…». Sí, luego ha habido bares mejores y peores pero el primero será la arqueología de una vocación o de una formación, de una *Bildung* que creció entre las barras y los libros, con más inercia que fe, y que termina cuando nos asomamos a eso que Anthony Powell llamó «el mundo de la aceptación». Por eso hay algún consuelo de paradoja en recordar la adolescencia de colegio católico, cuando —por decirlo con la delicadeza de Hardy— temblábamos como álamos, mirones lejanos de las niñas del Pureza de María, mientras yo me preguntaba si habría alguna mujer peyrógama en el mundo. A las tres y cuarto volvíamos al aburrimiento y al latín: «Largas horas pasaba el mancebo en la lectura de los poetas y en la contemplación del cielo». Azorín, siempre. La nostalgia es un engaño pero es que quizá no hubo primaveras como aquellas.

He vuelto la semana pasada al primer bar, al bar que llevaban dos hermanos —Edelmiro y Goyo—, y el bar sigue con sus sillones color vino, con su ambientación doradiza: todavía era un sitio al que daban ganas de entrar, a la hora cómplice de caer la tarde. No reconocí al camarero de la barra. Pedí una cerveza. Tenían muchas. Me dejé asesorar. Eso suele halagar al camarero. Puse el móvil, la cartera, sobre la barra: me instalé. El camarero me trajo una cerveza rubia y estupenda —una cerveza rubia y con los ojos azules, casi. Respiré precisamente con grata aceptación. Fue entonces que apareció uno de los dos hermanos y le volví a dirigir la palabra después de quince, de veinte años, desde una adolescencia a un final de juventud.

—Yo me acuerdo de usted —le dije—, pero usted no se acordará de mí.

—Claro que me acuerdo. No has cambiado nada.

Quizá, en el fondo, tiene algo de razón.

Garbancerismo y *belle époque*

Hay que tener cuidado con los lugares que venden menos gastronomía que leyenda, siquiera sea porque —*experientia docet*— tanto la gastronomía como la leyenda suelen venir recalentadas. La conversión del restaurante en parque temático abarca todas las declinaciones del tipismo para uso del turista poco exigente, y si en Europa tenemos el modelo «París romántico» o «Vieja Lisboa», por aquí hemos desarrollado nuestros propios endemismos. Baste considerar las «tascas de pescadores»: seducidos por ese encanto de lo marinero y la rotundidad de su materia prima, caemos en sus redes para luego encontrarnos tardanza, gruñidos y un mero de genealogía incierta. En cuanto al «mesón castellano eterno», siempre nos dejará con una incertidumbre: la de saber si son más viejas las mollejas o el aceite. Por suerte, la decoración —esa imaginería entre los Alpes y el Cid— suele llevarse todos los comentarios.

Sí, a veces ocurre: de pronto, alguien señala uno de esos grandes conservatorios y dice «oye, aquí no se come tan mal». Tal vez un juglar del pop sigue frecuentándolo como tributo a alguna añoranza innombrable; tal vez un crítico ha escrito que podemos visitarlo sin temor a dejar de ser contemporáneos. Ya entonces queda poco tiempo para que la prensa hable de «la resurrección de un clásico». Es el último esfuerzo en comunicación —«aires renovados, sabores de siempre»— antes de que esa misma prensa anuncie el cierre. Lo hemos visto tantas veces.

Esta poesía sobeteada de la autenticidad suele conseguir lo contrario de lo que se propone, de modo que al pasar frente a los mostradores de Lhardy podemos sentir la tentación de acogernos al Kentucky Fried Chicken de la esquina. Por supuesto, Lhardy tal vez parezca una elección fundamentada si uno acaba de llegar desde Wichita y se fía de la prosa de las agencias de viajes. Incluso, en atención al mito del lugar, una pareja de pediatras de Zaragoza o de Granada pueden recalar allí para redondear —tras un musical y un coito desganado— el fin de semana de su aniversario. Los demás tenemos fácil encuadrarlo en el franquiciado internacional de la nostalgia como una paella mixta de garbancerismo y *belle époque*. En realidad, el solo pensamiento de una cena en Lhardy nos haría desear con ardor una clase de derecho tributario: comedores mohosos, strogonoff de corzo, panaché de verduras, rape alangostado. Dios bendito, ¡rape alangostado! Tras espumar una y mil veces la carta, tras la derrota hostelera de venderse como «restaurante romántico», su propia clientela parece su principal acusación. ¿Qué población aborigen acude a Lhardy? Jueces jubilados, algún grupo de militares en la reserva. Y, de cuando en cuando, exministros —primero de Franco, luego de la UCD, ahora del PSOE— que pontifican en sus reservados, entre frecuentes escapadas al baño y un cocido que muestra una amplia desconsideración a sus arterias.

Hasta aquí, la suficiencia posmoderna. Una vez he asegurado que la propiedad nunca me ha de invitar a comer, una vez he manifestado mi exasperación por las grandezas del pasado y mi despecho por las glorias ya perdidas, es hora de hacer el elogio de Lhardy. De afirmar, con la solemnidad que viene al caso, que todo es verdad, que nunca dejaremos de ir allí, que hay un encanto que se sobrepone a la nostalgia. Que su timbre es una de las músicas más alegres de Madrid y que sus escaleras crujen y se curvan como ninguna. Que su poesía es una ley. Y, por si fuera poco, su cocido es muy solvente.

Quizá los afectos no se pueden explicar, pero —al menos— pueden trazarse. Uno comenzó a amar Lhardy en una circunstancia vital inmejorable para el platonismo: tener quince años y no tener ni un duro. Por entonces no me era inhabitual, de paseo por la zona, permanecer largos minutos de arrobo ante sus escaparates. La propia severidad de la tienda —las caobas, la luz antigua— era a medias una invitación y una disuasión. Paraguas en mano, desde el otro lado del cristal, todo parecía guardar allí un brillo de calidad superior: aquellos fiambres —cabeza de jabalí, lengua escarlata—, la arquitectura inestable de una tarta Saint-Honoré, pirámides de foie; marrons glacés, en su cobertura dorada, grandes como el puño de un niño. Incluso recuerdo unas muy solemnes latas de sopa —falsa, claro— de tortuga. Alguna vez, pocas, me aventuraba a entrar —chirrido grato de la puerta— y volvía con lo que podía pagar: una confitura inglesa excéntrica, o una de esas mermeladas francesas tocadas, como un elogio rústico, con su tela de cuadros. Me daba un placer que no daría el haberlo robado.

La Navidad era el mediodía de Lhardy. Ya bien entrado el otoño, educados inspectores de la casa visitaban todos los establecimientos de comidas preparadas —los establecimientos dignos— para ver la oferta y cotejar los precios. En la práctica, era una cortesía hacia la competencia: Lhardy, con sus gelatinas y sus consomés, su obrador y sus salmones fríos, grandes, como Alaska, era la norma, y bien podía haber mirado a los demás con el desdén del metro francés a la vara castellana. Resultaba muy propio de la casa que elaborase sus propios turrones y que las pulardas se llamaran «poulardas» todavía.

Por mi parte, aún iba a tardar en adentrarme con alguna naturalidad en la tienda, a sorber el caldito célebre, a pedir unas lonchas de jamón dulce, transparentes como visillos. Siempre igual a sí misma, hoy el salmón ahumado ha quedado para el bocadillo de los niños, pero Lhardy —el samovar, la botillería de maderas y jereces, la blonda y la cursiva— todavía inspira el respeto que inspira la belleza. Desde su comedor principal, hace apenas unos meses tuve el privilegio de vivir una escena de delicadeza: ver los primeros copos de nieve a través de una copa de Krug. E, ironía entre ironías, tampoco hace tanto tiempo desde que —fatalmente— compartí cocido con varios ex ministros del PSOE, réplica burlesca de los tiempos de Alcalá-Zamora y Azorín.

Una vez, en plena crisis económica, hablé con la dueña. La mujer parecía preocupada, cosa que me sorprendió, y escenifiqué con cuidado mi pregunta:

—Vamos a ver. Este restaurante ha conocido las guerras carlistas, la Gloriosa, dos repúblicas, una dictadura y una dictablanda, una restauración y una transición. ¿No estará usted angustiada por echar el cierre?

—Ay, hijo mío —respondió—, es que entonces no existían las cargas sociales.

Entre restaurantes sin manteles y camareros que te llaman «chico», bendito sea el Lhardy conservado en áspic.

De vinos y afectos

Entre el alcohol y las pasiones existe una complicidad intensa. Eso es algo que ya supo ver Aristóteles al sentenciar que «el vino hace al hombre afectuoso», y eso es algo que —sin necesidad de alta filosofía— también puede experimentar cualquiera que pierde el norte de su sensualidad y, convencido por el sexto Laphroaig, busca abrazarse aunque sea al camión de la basura. Del Saint-Amour en el Beaujolais al pago de Les Amoreuses en la Borgoña, los bodegueros han mostrado una singular cuquería al explotar la relación entre el rijo y los alcoholes, y de ahí ese erotismo algo mohoso de los benjamines de cava en los cuartos de hotel. Pero quizá los bodegueros han leído al Ovidio que afirma que el vino predispone el corazón para el amor.

La proximidad ha sido tan estrecha que —para moralistas y legisladores— se llegó a convertir en preocupante: según las Doce Tablas, por ejemplo, las mujeres empapadas de licor recibían el mismo castigo que, directamente, las adúlteras. La evitación del vino será así un lugar común entre los *remedia amoris*, y la antigua medicina prescribe «beber agua y no vino, porque el vino lleva al amor». Otros, atentos al dato de que «Venus se complace en los estómagos llenos», recomiendan dietas especiales —lechuga, achicoria, endivias— para purgar urgencias y turgencias.

Hasta ahora, la ciencia no había venido a avalar estas intuiciones: allí donde el salmista dice que el vino alegra el corazón del hombre, los médicos, más prosaicos, simplemente nos han dicho que el vino es cardiosaludable. Hoy los investigadores van más allá y ya proclaman que el vino es todo un «viagra natural», cosa que no hubiese sorprendido a unos clásicos que hicieron hijo de Baco al vigoroso Príapo. Sin duda, resulta muy propio de nuestro tiempo que la ciencia nos confirme lo que la poesía ya sabía mucho atrás, como si el género humano necesitara algún salvoconducto para las inclinaciones del amar y del beber. Puestos a hacerlo, bebamos vinos ya añejos, finos, dulces, reposados, imagen de ese amor —como dijo Larkin— capaz de sobrevivir a la vida de un hombre.

Fratelli d'Italia

Siempre he asociado la felicidad a los restaurantes italianos, al momento que comienza tal vez con un campari y termina con ese *tiramisù* que viene a confirmar que, en cocina, lo que no nació en los conventos, fue alumbrado en los burdeles. Mi prejuicio va un poco más allá y creo que las malas personas no comen *spaghetti* o —mejor— que la falta de gusto por la pasta es indicio de ser mala persona. En algún lugar se ha escrito que, en los *spaghetti*, sin que seamos conscientes, se mastica algo del Dante. También es fácil dejar ir el corazón para estar de pronto en el país de todas las bellezas: puertos de mares antiguos, caminos de Toscana punteados de cipreses, danzas festivas bajo el emparrado, tantas Italias que llegan a combinar en Bolonia la sabiduría y la chacinería como el campesino que descubría con la azada la estatua de un dios. La bandera de Italia tiene colores de ensalada y el catolicismo —según el orondo cardenal Biffi— es la religión de los *tortellini*. Por muy romanos que nos sintamos, sin embargo, siempre será mejor no ponerse preciosos al pronunciar *frutti di mare*.

Sé de un restaurante cuyos empleados viajaban cada tres días a una cala del Cantábrico para recoger agua de mar e incrementar así —nos dijeron— la experiencia de comer percebes. En otros lugares nos han servido las ostras con una grabación de olas del mar. Uno se queda con el gesto simple y sublime de majar un poco de albahaca y echársela a la pasta: hay una sabiduría sin sofisticación, un gusto lento y consolidado, una autenticidad muy arraigada en cada una de esas *mammas* cuyos culos llegan a obstruir un callejón y que llevan en su caldo genético el instinto de la cocción al dente. «Siéntese, que yo me ocupo»: esto le dijo a Paolo Monelli un mesonero de Pescara, y Monelli dejó escrito que ese menú oral compendia la esencia de toda *trattoria*. Se ha reprochado el carácter conservador de la cocina italiana, pero a ver cómo puede progresar esa idea para siempre que es el pesto. Con un poco de materialismo histórico, podemos establecer una relación entre el queso pecorino —magníficas resonancias latinas— y los frescos del Giotto que apacentaba ovejas cuando joven. Felices los países bien alimentados, porque son países que digieren bien.

Por supuesto, lo que es honesto, bueno y sencillo también puede hacerse mal y por esta razón existe tanta cadena de cocina adulterada y tanto *ersatz*.* También hay una tendencia italiana a que todo sea demasiado, y Daniel Capó refiere de una pizzería de Nápoles donde el *pizzaiolo*, de cuando en cuando, se pasa la masa cruda por la axila. Lo fino, en todo caso, se impone a lo grueso: Redi cuenta, nada menos, que «el arte de la cocina llegó a Francia desde Italia [...] cuando tantos italianos

---

* Una de las mayores franquicias de falso-cocina italiana que infestan nuestras ciudades es de propiedad polaca.

acompañaron a la reina Catalina de Médicis».* En la propia península itálica ya se contaba con el sedimento de epicureísmo de la antigua Roma, con sus jamones de Marsica, vinos del Piceno o anguilas del lago de Garda: siempre apena pensar que el buen Horacio, recostado en su triclinio, no tuviera un habano que fumarse.

En su magnífico libro sobre el arte de vivir en el siglo XVIII, que es el gran siglo del arte de vivir, Piero Camporesi trata extensamente de la delicadeza de los gustos del otro lado de los Alpes: granizados, helados, aguas de nieve, zumos y frutas novedosas. En una *Crónica italiana*, Stendhal describe a unas damas que toman helado lamentando con frivolidad que no haya pecado en el tomarlo. El XVIII es también el gran siglo del servicio de mesa, con sus jícaras de porcelana para el chocolate. España llega a la perfección chocolatera por pura monomanía, pero en Italia añaden o maceran «pieles frescas de cidro y de limón, el olor suavísimo del jazmín; mezclas de canela, de vainilla, de ámbar y de almizcle». Tenemos ahí un imperio civilizado del gusto. Muchos años antes, Montaigne escribe un famoso pasaje sobre el cocinero de un cardenal, que hablaba de la cocina «con las palabras que se usan para tratar del gobierno de un país». Más prosaico, Garibaldi afirma entrar en Nápoles como quien se come un plato de macarrones. Italia también haría del convite una institución de la vida civil: al poco rato, suena ya una *tarantella*.

En el siglo XIX, los campesinos de Manzoni se alimentan de polenta y un noble de Lampedusa arde de amor al ver a su amada comer pasta con trufa. En los Abruzos hay una «panarda» glotona de treinta platos y es conocida la figu-

* Revel y Pitte consideran que se ha exagerado esta influencia.

ra del gordo capaz de ingerir mil *cappelletti*. Todo tiene su reacción, y el futurista Marinetti carga contra la pasta al grito de «los macarrones: ¡puaj!». Marinetti busca reformular la dieta hacia una mayor agilidad e inventa platos como la «fresateta» (*fragola-mamella*). A Marinetti, seguramente muy mala persona, nadie le hizo caso, y los italianos toman todavía pasta cada día mientras expanden su cocina a ritmo de industria. Nos enseñaron a enlatar el bonito y las anchoas y se han extendido con alimentos que no siempre pierden calidad al conocer grandes producciones, del café a la pasta de tomate, de la dulcería a los amargos. Naturalmente, los italianos saben vender y hay una lengua criolla internacional de la cocina italiana: puede ser prestigiosa, como los carpaccios o los bellinis o los platos «*à la* Cavour», y puede ser tópico-turística con una pizza O Sole Mio. En cualquier caso, siempre podemos rastrear más atrás y ver el intercambio copioso de Italia a España, de arroz a arroz, de nuestra garnacha a su *cannonau* o de los *figatelli* corsos a los *figatells* —sabrosísimos— de la Valencia española. Si en Cerdeña hay una *bovale di Spagna*, en España hay una bobal sarda.

Es un poco decepcionante la mala opinión en que tenemos a los vinos italianos cuando —como dice Abraham García— Italia es una bota, sí, pero de vino. No hay corazón que no ceda ante una cena de Barolo y trufa: mejor un Barolo que ya esté hecho, que haya dejado atrás su juventud austera y que se revele, rozagante, en su olor de licorería, de cueros elegantes y rosas desmayadas. Romina y Albano lo dijeron como nadie: «*felicità é un bicchiere di vino con un panino, la felicità*». Tan solo se les olvidó añadir —transparencia y fuego— un último coscorrón de grappa.

Vida de hotel

Durante ocho meses viví en un hotel, y en todo ese tiempo mi alma no tuvo mayores tribulaciones que la de sortear cada noche, camino de la cama, el bar americano pegado a recepción. Confieso que era un sufrimiento. Mi hotel era de los hoteles que nos gustan: no un hotelito cuqui, no un hotel-boutique, sino un hotel-ciudad, con pasillos que hubieran podido medirse en verstas y dormitorios suficientes para acoger al equivalente poblacional de la comarca de La Sagra. Su propio tamaño conllevaba un cafarnaúm inevitable —y, para mí, fascinante— de anginas de pecho, indigestiones, coitos, gentes con alergias raras y llamadas a la operadora para quejarse del somier. Entre semana había mucho hombre solo, algún grupo de chinos o japoneses que miraban a todo con cierto alelamiento; ocasionalmente, se dejaban ver en el lobby unos dermatólogos de congreso, unos testigos de Jehová o un equipo de balonmano como una columnata de chándales. Los fines de semana abundaban las familias e incluso algo peor: las familias españolas, incomparables en su capacidad para el ruido. Más de una vez me acordé del piadoso final del salmo 136:

«¡Quién pudiera agarrar y estrellar a tus niños contra las peñas!». Está demostrado que, por mucho que uno huya y dé vueltas al mundo, entre los atolones del Indo-Pacífico o los riscos del Nepal, nunca faltará un matrimonio de Burgos, riñonera a la cintura, para preguntarnos por una dirección. Benditos sean.

Los hoteles siguen un sistema no por suave menos totalitario, según el cual uno puede hacer de todo salvo lo que le da la gana. Es un mecanismo de sugestión muy perfeccionado: al tomar un panecillo de más, coger la segunda toalla o —palidezco solo de pensarlo— encender un cigarro, creeríamos que de pronto fuese a surgir de entre las sombras un batallón de Navy SEALS apuntando al infractor. Por mi parte, tuve suerte: al tomar posesión de mi cuarto, vi que una puerta de la ducha estaba rota. Nada grave, un fastidio menor: di aviso y procedí a ducharme en la bañera. La casualidad quiso, sin embargo, que comentara el banal incidente a un amigo que, alegría, resultó a su vez ser amigo del director del hotel, un cierto Mr. Quintarelli, a quien, tras convencerle de que uno era «una mezcla de Madonna y el cardenal Mazarino», llamó cada mañana durante diez días para saber si por fin me encontraba bien acomodado.

Mr. Quintarelli me invitó a un desayuno en el que desempolvó el mejor repertorio de la dramaturgia italiana para transmitir su desolación y sus disculpas. A tenor de la gravedad de la conversación, parecía que en mi cuarto, más que la rotura de una ducha, se hubiera producido el robo del Koh-i-Noor. Pero ese desayuno a vista de todos y nuestra despedida en el lobby, entre abrazos muy mediterráneos, bastaron para obrar un pequeño milagro: los «*cofee or tea?*» adquirieron otro timbre, la sonrisa de las camareras empezó a prolongarse un segundo más de lo protocolario, y los «*good morning, Sir*» más soñolientos se convirtieron en vibrantes «*good morning, Mr. Peyró!*». Por un punto de honor, también diré que no fui el único en tener suerte: con el orden cartujano que dejaba en el cuarto, cada mañana me reprochaba hasta qué punto las señoras de la limpieza no debían de considerar que uno llevaba la vida excitante de un funcionario de correos.

Es una obviedad: vivir en un hotel tiene ventajas, siquiera sea por si te apetecen uvas a las cuatro de la mañana. Las sábanas, cada noche, están lisas y consistentes como el pladur. La Providencia parece encargarse de que fluya el wifi, de que el agua salga caliente y de que en verano haga fresco y en invierno calor. La gerencia del hotel se comunica con uno del modo más poético posible: con cartas que cuelan por debajo de la puerta. Y a quienes no nos disgusta contemplar —siquiera de lejos— el plural pelaje de lo humano, siempre se nos ofrece la llegada al hotel, la vuelta a casa, con el atractivo de una plaza mayor: gentes de todo mar y toda tierra que nos hacen sentir estables en la región de los viajeros. Mi hotel, por último, tenía en su recepción un encanto singular: el encanto —relojes, dorados, carpinterías— del mejor narcobarroco.*

---

* Para no ser injusto, el hotel ocultaba otras historias más de acuerdo con su fachada, en sofisticado déco. Gordon Lonsdale, espía soviético, seductor en serie y falso comercial de máquinas tragaperras, tuvo su refugio y centro de comunicaciones en la sexta planta allá por los sesenta. Él vivió en la habitación 634; yo viví en la 652, y pensar sobre su vida, entre martinis y secretos de Estado, no dejaba de ponerme melancólico respecto de la mía.

Ninguna casa es grande para nuestro tedio, y menos aún un apartotel en cuya cocina de cincuenta centímetros cuadrados la mayor proeza gastronómica era poner una cafetera. Con algo de celda, uno puede llevar su vida en un estado —según diría Delvaille— de «clandestinidad superior», como si el mundo tuviera poco que ver con nosotros y no tuviéramos necesidad ni de asomarnos a él. Es la imagen de una vida en tránsito, de la que uno puede no participar —gran lujo— si así lo desea, con la tibieza de un apátrida. Por supuesto, en un cuarto de hotel le puede a uno acometer el mismo «demonio del mediodía» que desalentaba a los monjes con su acedia, sobre todo cuando se van las luces a eso de la hora de comer, en la noche eterna que es el invierno en el norte. A la vez, y no abundaré en esto, la utilidad que presta un refugio siempre limpio y con una botella de champán a golpe de teléfono es algo indudable para los requerimientos de la soltería moderna.

Mi etapa en el hotel iba a coincidir con unos meses de purgación y dieta: fueron muchas las bolsas de espinacas frescas que pasaron por mi *kitchenette*, y hoy miro como una gesta de otra época el parco uso que hice del servicio de habitaciones —apenas un par de hamburguesas de crisis, en esos momentos en que solo un aporte de carbohidratos media entre nosotros y el abismo. Por lo demás, latas, proteína, omega 3. Eso sí, desde mi primer encuentro con Mr. Quintarelli, este me había abierto las puertas del comedor VIP del hotel para el desayuno: un gesto que a él le servía a modo de reparación por el incidente de la ducha, y a mí a modo de resarcimiento de mi dieta, fanáticamente aferrado como estaba a un comentario *en passant* de mi médico, según el cual uno podría comer en el desayuno cualquier cosa, que no pasaba nada.

Si cada liturgia establece un pacto de no agresión con el mundo, la ritualización del desayuno busca el equilibrio feliz de esa hora del día —la mañana— en que uno ofrece lo más acendrado de sí mismo: por un lado, su abotargamiento, sus gruñidos, sus manías con el café; por otro, el recuerdo de la sensualidad del sueño, un vigor euforizante de ducha y colonia, ese contento lobuno del hambre que va a verse pronto satisfecha. Dicho de otro modo, la mañana es momento de humores inestables, y la paz del desayuno ayuda a anclarlos. Y el hotel, que nos libera de esfuerzos y nos convierte en marqueses momentáneos, favorecía esos gestos repetidos, previsibles, poseedores del consuelo de lo mecánico: llegar, apartar la servilleta para indicar nuestra mesa y, después, realizar un recorrido pronto consuetudinario por el que íbamos del zumo a la fruta y después a la tortilla — «*ham and tomato*» —, para regresar a la mesa con el café servido. Lejana ya la ilusión adolescente, enterrados los sueños de poder y de gloria, cumplidos todos los posibles desengaños con uno mismo, llega un momento en el que las epifanías de la vida se resumen en un desayuno con calma y algo de sol.

El desayuno —el buffet— de hotel tiene algo de tolva y puede dar lugar a una competencia por la comida que sorprendería a los buitres o las hienas: por eso hay establecimientos dignísimos que solo ofrecen carta. A la vez, si coexistir con otros seres humanos es con frecuencia un trance por el que preferiríamos no pasar, cabe subrayar que el ser humano es mucho más ser humano por las mañanas, y su mera visión a hora temprana excita nuestro *contemptus mundi*: ¡qué desastre, ellos, y qué mortificación ser, al fin y al cabo, como ellos!, pensamos, mientras vemos a un congénere *tripitir* de bacon o dejar la bandeja del jamón como si hubiera pasado la langosta. Con todo, el ser humano también ofrece muestras risueñas de sí mismo, como aquellas muchachas que trabajaban en el comedor y que, mañana tras mañana, con las variaciones angélicas de su «buenos días», eran toda la hospitalidad y todas las sonrisas y toda la dulzura. Annateresa y Eva, Rebecca y Lola: ellas hicieron de la llegada a tierra extraña un «hermosísimo invierno de mi vida» y es justo que tengan su homenaje, aunque tardío. Al salir del comedor, decían adiós con una despedida musical —«*have a good day*»—, como una oración que nos protegiera del mundo enemigo que hay del otro lado de esa puerta giratoria del hotel que tantas veces nos pareció puerta del cielo.

Marzo

Definiciones

I

«Piensa en el cuadro más hermoso que hayas visto
nunca, la más maravillosa sinfonía que hayas escucha-
do nunca, el atardecer más extraordinario de la tierra,
el olor del perfume más exquisito, en la compañía de la
persona a la que más quieres en el mundo. Añádele una
gota de pecado original —y eso es el *tokay*» (De un
entusiasta húngaro a Mrs. Vyvyan Holland).

II

«Mi teoría es que está hecho con alas de querubines, la
gloria de un alba tropical, nubes rojas de crepúsculo y
fragmentos de épicas perdidas de viejos maestros» (Rud-
yard Kipling, sobre el pisco punch).

Wilton's: dieta antigua y antiguo régimen

Wilton's es caro como casar a una hija, pero si hay que tener un restaurante para una vez a la semana, también hay que tener un restaurante para una vez al mes o —siendo realistas— para una vez al año. Desde luego, no hay un lugar mejor para santificar las fiestas, para arruinarse con decoro o para que tu amigo el banquero te haga víctima colateral de una buena operación. Frente a las camiserías buenas, en los mejores metros de Jermyn Street, Wilton's se alza sobre ese tramo de acera en que ya se entrevé el cielo de St. James, y es fácil imaginarlo como capital de un protectorado masculino que, en apenas tres manzanas, ofrece todo lo que le gusta a cierto gremio conservador y gotoso: ostras, caza, comedores tapiados de caoba, puros de antes de Castro y muchachas de después de Gorbachov. Algo dice de su posición ante el mundo contemporáneo el hecho de que en Wilton's se refieran a las camareras como *nannies*, aunque ellas siempre han tenido su venganza: vestidas con su uniforme eduardiano, podían dejar sin postre a un gran financiero hasta que no se terminara la verdura. Si esto parece un poco alejado de la sensibilidad de nuestra época, cabe preguntarse hasta qué punto tiene incentivos para el cambio un restaurante que vio nacer y morir a la reina Victoria.

De igual modo que la Academia de Platón lucía el cartel «no entre aquí quien no sepa geometría», Wilton's bien podría grabar sobre sus dinteles la leyenda «no entre aquí quien no haya tenido problemas con el ácido úrico». Al mediodía, ofrece esa garantía de los lugares a los que van a comer hombres solos, probablemente porque llevan cuarenta años haciéndolo: Wilton's tiene mesas que sientan a uno y, en un lugar donde nadie se atrevería a pedir la contraseña del wifi, se acepta con toda paz que el comensal solitario eche una cabezada. De los reservados vemos salir, con frecuencia digna de nota, camareros que retiran cascos y más cascos vacíos de Burdeos: es la hora de unas *long liquid lunches* que terminarán con un whisky de mucho octanaje antes de volver a la oficina. Por la noche —Londres es Londres— hay gentes muy vestidas y Bentleys que ronronean en la puerta: sería magnífico que Wilton's fuera patria de los estetas, pero su clientela principal siguen siendo los banqueros. Michael Heseltine, zorro viejo de la política británica, afirma que, para leer el momento de la economía del país, no hay nada mejor que echar un vistazo a la ocupación de las mesas de Wilton's.

Fundado en 1742, es posible que los dueños del restaurante no se ofendan si se le considera «antiguo régimen»: Wilton's, al fin y al cabo, puede llamar joven a América. Al menos, si aplicamos un poco de trampa: siempre entre Haymarket y St. James, ha ido cambiando de local como ha ido creciendo en ambición, de modo que lo que nació como un puesto de ostras ya era, para 1840, un comedor en toda regla. Por las ostras iba a recibir varias distinciones

—*royal warrants*— de proveedor real que, de modo un poco sorprendente, la gerencia emplearía para decorar la entrada al urinario. Desde sus primeros tiempos, en todo caso, Wilton's ha sido fiel al bivalvo que hizo su fortuna, y lo común es empezar la comida con una docena o media docena de ostras: varían en origen, carnosidad y sabor, pero siempre van a restallar de frescas, como recién arrebatadas a Neptuno. Uno incluso puede pedir las «Christian Dior oysters» que requería el modisto en sus visitas y que llevan, ahí es nada, manzanilla y láminas de trufa. Luego avanzamos por una carta donde todo es sólido y seguro, cierto, confortable: el suflé de queso, un salmón ahumado que cae sobre el plato como un pañuelo de seda, la fiesta barroca de la langosta termidor, o *sa majesté* el lenguado, capaz de impresionar incluso a unos españoles poco impresionables en materia de pescado. En verano —desde «el glorioso doce» de agosto— llegan las primeras perdices escocesas; en otoño llegarán la becada y la liebre *à la royale*, platos suntuosos. Las miradas, sin embargo, son siempre para el carrito, el *trolley*, que cada día, de lunes a viernes, oculta un asado distinto. Lo podemos leer como si fueran los misterios gozosos: pierna de cordero, costillar de cerdo, rosbif, solomillo Wellington… Los viernes siempre sobra del *coulibiac* de salmón. En cuanto a los postres, potingues, que es lo que les gusta a los ingleses.

Al ver la cuenta de Wilton's, hay quien se ha preguntado si no habría comido unicornio de mar sin enterarse. Por supuesto, todo se paga: el servicio italiano,* unas

---

* Reputado como el mejor en la ciudad desde los tiempos en que Francesco Bianco fundó White's, el gran club de Londres, casi paredaño con Wilton's.

alfombras que podrían engullir a un niño, o esa superioridad con que, a quien critique una supuesta «cocina viejuna», le asestan un cóctel no ya de gambas sino de langosta. En 1942, en pleno *Blitz*, la dueña de Wilton's comentó a un cliente que lo dejaba, que estaba harta: acababa de caer un bombazo en la iglesia vecina de St. James. El cliente era el banquero Hambro y le dijo que añadiera el restaurante a la nota. Desde entonces, Wilton's permanece en manos de esta familia de riquezas infinitas. Es la garantía de que nunca cerrará. De que todavía, quien domine la conversación en una cena en Londres, «está en condiciones de dominar el mundo».

Desengañada vianda. De gulas, ayunos y dandismo penitencial

Dante condena a los glotones a una lluvia *«etterna, maladetta, fredda e greve»*. Estamos en el tercer círculo del infierno y, custodiado por Cerbero, queda claro que el lugar no es Ibiza: «grueso granizo allí se precipita, / y nieve y agua negra, en aire turbio, / pudre la tierra y todo lo marchita». En un tratado no sobre el infierno sino sobre esas otras franjas, ya más templadas, del purgatorio, san Agustín, quizá por honrar su vida empecatada, se muestra algo más indulgente con los glotones que el Dante. Lo vemos serpentear por el silogismo: «Siempre que alguno toma más alimento y bebida de lo que necesita, sepa que comete pecados pequeños. Como en esto consiste, precisamente, la gula, síguese que esta no es —¡aleluya!— pecado mortal». En las *Confesiones*, en todo caso, Agustín se reconoce pelear «contra esta suavidad» de la golosinería: según la tradición de Hipócrates, busca usar de los alimentos «del mismo modo que de los medicamentos», pero muchas veces ve que «la delectación peligrosa» quiere «ir delante como principal» antes que la salud. *Voilà* la paradoja: la misma molestia del ayuno es el mejor condimento para hacer «más agradable y deleitosa» la hora de comer, como por otra parte sabe cualquiera que haya hecho la dieta de la alcachofa o del limón.

Si el de Hipona gusta por una humanidad realista consigo misma, su conformidad con el mundo también seduce: no dejará de agradecer que «la tierra, el mar, el cielo, contribuyan y sirvan a nuestra necesidad». Menos cosmológico pero igualmente transigente, san Benito confesaba en su Regla «cierto escrúpulo» a la hora de determinar «la cantidad de alimento que otros pueden tomar». En todo caso, buen conocedor de las miserias de la raza, permitirá, «para atender a las flaquezas humanas», «una hémina» de vino al día, es decir, casi un litro, por hermano. Lo hace con una cláusula generosa: «las circunstancias del lugar, el trabajo o el calor del verano» bien pueden aconsejar «algo más». Benito, en fin, sabe que «el vino de ninguna manera es propio de los monjes», *hélas*, pero como «es imposible persuadirles de ello, convengamos al menos en no beber hasta la saciedad sino con moderación». Sí tomará la precaución, sabio hasta el final, de que el hermano celador —*cellarius*— sea hombre de juicio y prudencia reconocidos.

Tal vez de este fondo de permisividad vinieran, con el tiempo, el fraile orondo, el cura de misa y olla y el cardenal finolis, pero junto a estos clichés siempre ha corrido en paralelo el fuego purificador de los ascetas. Al criticar la glotonería, el Crisóstomo parece más bien cargar contra la gordura: «Así como una nave cargada más allá de su capacidad va a pique, así nuestro cuerpo [...] se sumerge en el piélago de la perdición». La advertencia es severa. El argumento clásico será el de san Bernardo, a saber, la contigüidad entre gula, embriaguez y fornicación: «Me abstengo del vino porque en el vino se encuentra la lujuria». Similares observaciones a las del alcohol se podrían traer a propósito de la ingesta de carne y otras gollerías, en tanto que —como leemos en las Partidas de Alfonso X— «la castidad no se puede bien guardar con muchos comeres». Sí, «conviene después de mucho comer e de mucho beber muchas diversas e preciosas viandas luxuria cometer», según leemos en nuestros clásicos, en lo que es una tradición vieja: para san Gregorio Magno, como para el fundador del Císter, el efecto más pernicioso de la gula también es la lujuria, y Casiano le otorga el primer puesto entre los pecados capitales por ser vía de entrada a todos los demás y en especial al segundo, la lubricidad ya mencionada. En un texto por lo general tan equilibrado como los apuntes al obispo Castor sobre *La continencia del estómago*, Casiano llega a escribir que «el motivo que produjo la destrucción de los sodomitas, no fue la ebriedad producida por el vino o por los variados alimentos, sino por la saciedad del pan». Estas intemperancias aparte, lo que nos dice un moralista fino e influyente como Evagrio Póntico no es muy distinto de lo que nos diría la OMS, el farmacéutico de tu barrio o esos chefs reconvertidos en filósofos de la salud: «Una mente serena y tranquila se alcanza con una dieta sobria, mientras una vida plena de vanas dulzuras hunde la mente en el abismo». Lo único es que la OMS nos lo diría con retórica más pastosa, y sin prometer esa «fuente de agua» de la contemplación que al parecer mana de aquel que tiene poder sobre su mandíbula.

«Comer con gargantería» no solo se ha criticado por «encender el cuerpo a obras de luxuria». Era también una cuestión de urbanidad, y las propias Partidas ya nos instruyen: «no coman feamente». «Si vieras un bocado que te guste en el plato que está ante un comensal, no lo cojas —prescribe la *Disciplina clericalis*—, no se diga que eres un pobre rústico.» Hay que comer con propiedad, pues mancharse, según la *Glosa castellana al regimiento de príncipes*, es «sennal de golosía e de desordenamiento», además de «gran desapostura». Especial miramiento han de guardar las mujeres: en los *Castigos y dotrinas que un sabio dava a sus hijas* (sic a todo) allá en el siglo XV, está el que «seades bien regidas y mesuradas en vuesstro comer y beber», lo que implicaba una precaución particular hacia el alcohol, que «haze consentir cosas desonestas». El horror contra la mujer bebida será un tópico de la Edad Media: para el Arcipreste de Talavera, más vitanda que una mujer deshonesta es una beoda: «peor que bestia bestial», «muy perigrosa en sus fechos».

Para recobrar la soberanía sobre las pasiones del alma había que ejercitar el cuerpo en la morigeración y la renuncia. Al visitante del Prado tal vez le llame la atención aquel cuadro de Velázquez que recoge la visita de san Antonio Abad a san Pablo Ermitaño. El cuadro es magnífico; el tema, sin embargo, poco sexy para nuestro estándar: el lienzo nos presenta a dos anacoretas de los primeros siglos del cristianismo, todavía en tiempos de eremitas y no de monjes, de cuevas y no de claustros. Ambos, que llevaban vidas de soledad y apartamiento, deciden encontrarse. El cuadro refleja el momento en que un cuervo —estas cosas pasaban en la Tebaida— le lleva al ermitaño Pablo su panecillo* diario. Con estas penitencias de fecha temprana, que luego quedarían codificadas en los muy largos ayunos del año litúrgico, se buscaba la perfección del espíritu o, como dice Molinari, «abandonar la humanidad pecadora» por esas langostas y hierbas salvajes que ya había puesto de moda, por decirlo con frivolidad, Juan el Bautista en su desierto.

Haríamos mal, en todo caso, en considerar estas prácticas propias de *protohippies*: la ascética tradicional siempre recomendó la *mortificatio corporis*, siquiera fuese, como dice con elegancia el Covarrubias, «en remembrança de los açotes que Christo Nuestro Señor padeció por nosotros». Franciscanos, dominicos y jesuitas predicaron las bondades de un buen disciplinazo como desagravio por las propias culpas o rogativa contra pestes, sequías o tormentas. Junto a la prédica, sin embargo, está el escepticismo vigilante hacia unas penitencias que también podían usarse para alardear de virtud o redirigir, por sublimación, alguna tara interior del supuesto penitente: el propio Covarrubias dice que se le «haze vergüenza» referir los excesos y extravagancias que en este punto se hacen. Aún más duro será Erasmo. Ante las privaciones del ayuno o el desagrado de la llamada «ingesta abyecta» también solía haber un juicio frío: el propio san Francisco le dice a su hermana santa Clara que diera algún descanso a su cuerpo, flaco de abstinencias, en tanto que desde niña «quitava a su boca los manjares delicados y embiávalos [...] a los pobres porque su sacrificio fuesse más gracioso y apacible».

---

* No es una frivolidad pensar que parece una whopper, porque es lo que parece.

Si bien los medievales iban a conocer sus abusos, los mayores dandismos en materia de penitencia tuvieron lugar —según parece inevitable— en el mundo hispánico y en la espiritualidad barroca. Son formas complejas —como diría Caro Baroja— de la vida religiosa, con casos de «santa anorexia» que no se pueden leer sin pasmo. Así, por ejemplo, María de San José, monja mexicana, escribe cómo se ejercita en tan graves asperezas: «Ni una sola gota de agua llegó a mis labios tostados i abrasados de la terrible sed que padecía [...] por divertir la sed solía, quando más fatigada estaba, pegar la boca a la pared, i con el fresco que della resivía, tenía algún refrigerio y me consolaba con esto solo».

Son desmesuras notables, aunque la monja mexicana parece haberse entregado a una vida de molicie y hedonismo por comparación con el sistema autopunitivo de rara perfección de la venerable María Gabriela de San José, carmelita descalza que fue en su convento de Úbeda allá por tiempos de los Austrias. Antes de entrar en religión, siendo muy joven, tomó la costumbre siguiente: «Avía en su casa unos naranjos y procuraba Doña Gabriela, con disimulo, coger las narangitas quando no estavan mayores que albellanas; prebenía cantidad, y moliéndolas quando ya secas, traía aquellos amarguísimos polvos continuamente en la boca». Esto lo hacía por haber leído «que algunos santos usaban de axenxios [ajenjos] y acíbar», y ella trataba de imitarlos con lo que tenía más a mano. Además «las narangillas» que escondía, le provocaban «un corrimiento de muelas» que acrecentaba más todavía la mortificación. Esto le supuso un deterioro progresivo de su dentadura, hecho que su hagiógrafo, el R. F. Manuel de San Jerónimo, registra en su libro —con maravilloso título, por cierto— *Edades y virtudes, empleos y prodigios de la V. M. Gabriela de San Ioseph*.

Como cualquier contemporánea adicta al *cardiofitness*, la monja tampoco comía «cosa de dulce, ni comida regalada» porque «a la memoria de la hiel que comió su Esposo, tenía estos recreos del gusto por desaires, y poca fineza». Antes de tomar los hábitos ya comía constantemente de ayuno «para ensayarse», y pasaba «cuaresmas y vísperas de Nuestra Señora a pan y agua». Siempre «desazonaba la comida, y sin mentir, daba a entender que lo que más le gustaba era un manjar harto insulso, que llamaba ella sopas de gato; y consiste en unas sopas de agua con aceite; y esta desengañada vianda la llamaba un regalo, porque lo era de su mortificación».

Todo esto parece —y es— terrible. Y a la vez, todavía hay en este barroco peninsular un punto de inocencia que nos permite huir de esa ficción gótico-victoriana repleta de sacerdotes salaces, abadesas crueles y novicias maltratadas. Sí, aquí no están excluidos la sonrisa ni el candor: en una época de hambrunas por las malas cosechas, María Gabriela de San José, con toda su inocencia y su manía, «enseñó a ayunar a las gallinas que tenía a su cargo y las sustentaba con hierbas de la huerta del convento».

Hombres de tres botellas

Bebemos menos que antes: si nos escandalizan las «comidas de tres martinis» del viejo siglo XX, no eran nada frente a esos políticos dieciochescos conocidos como «hombres de tres botellas».* Con el alcohol, por supuesto, hay que tener cuidado: Benchley dice que vuelve a la gente idiota y que, como la mayor parte de la gente ya es idiota, suele ser un agravante del delito. Hay, con todo, excepciones. Especial memoria merece un cierto Mr. Van Horn, cuyo retrato, atribuido a Joseph Highmore, cuelga en la lonja de los vinateros —Vintners' Hall— de Londres. Se le supone un consumo superior a las treinta mil botellas en las poco más de dos décadas de su pertenencia a una entidad idóneamente llamada Amicable Society, para una media de cuatro al día. Imaginamos que invitaría mucho. Solo falló dos días a su cita con la botella: cuando murió su mujer y cuando se casó su hija. Duró hasta los noventa. Hay que tener en cuenta que la capacidad de aquellas botellas era más

* Para no tenernos en poca cosa a nosotros mismos, cabe referir que esas botellas eran de 350 ml.

pequeña, pero eso no aminora el alto ejemplo de hazañas como la de aquel arzobispo de Sevilla que, hombre de hábitos regulares, bebía una botella de jerez cada día con su cena, salvo cuando se encontraba mal, que tomaba dos. En ese mismo gremio del fino y la manzanilla, morir con menos de setenta años —informa Julian Jeffs— parecía un caso de mortalidad infantil. La virtud salutífera del vino está ahí: en la Gran Peste del Londres del XVIII, solo uno de entre todos los médicos de Londres —el doctor Hedges— se libró del contagio. Beberse varias copas al día «no solo me protegió de contaminarme —según escribiría en sus memorias—, sino que instiló en mí el optimismo que mis pacientes tanto necesitaban». Él también sabía que el alcohol deja de ser un placer mucho antes de convertirse en un peligro.

Abril

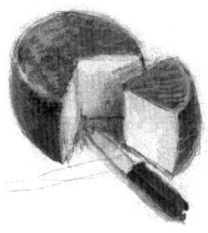

Las pasiones del queso

Al queso rara vez se le han atribuido virtudes vigorizantes, y sin embargo resulta difícil desligar el queso del mundo de los afectos, de aquellos tiempos de los primeros tanteos y tonteos en los que comprábamos una botella de vino y unas cuñas de *gruyère* y ya solo era cuestión de dar tiempo a la magia. «Que beba agua y no vino, porque el vino lleva al amor», pero el queso también nos servía a modo de señuelo para invocarlo y que reinara entre nosotros. Por aquel entonces daba igual —tiempos de inocencia— que el vino fuera un *grand cru* de la Borgoña o que el camembert no fuese de leche cruda. Lo importante es que era, como el café, signo de la edad adulta. Y, como los atardeceres idílicos, los helados a medias y las escapadas a Aranjuez, signo del afecto que va granando.

Con el tiempo, el queso ha sido el queso de la amistad, quizá para rematar el último empujón de tinto, quizá para ese arriba los corazones que siempre es inaugurar un buen oporto. La hora de los quesos es la hora de la franqueza, todavía sin aturdimiento alcohólico: tal vez por la tarde hay que trabajar, o tal vez la tarde hay que fumársela. Una comida bien entendida es —del aperitivo al queso— una gradación hacia la gloria. Y al final nos levantamos de la mesa con esa filosofía positiva de los señores bien comidos, como una lucidez afectuosa sobre el mundo. El mundo está mal hecho, pero un parmesano es un parmesano, y un buen camembert es un desembarco en Normandía.

Curiosamente, el queso quizá no debiera remitirle a uno al amor o a la amistad, sino a la verdad esencial de la memoria, a las pastoras que uno aún vio, a sus manos rosas y azulencas sobre la pasta blanca, a esos redondeles de lata de bonito con que daban forma al queso antes de dejarlo reposar en el silencio de su morgue. A saber si las autoridades sanitarias no tendrían que decir algo sobre su elaboración, pero una cuajada de leche de cabra sigue siendo un salvoconducto de bendición para la vida. Con el queso regresamos siempre no ya a una tierra, sino a esa condición de *paysan* esencial que nunca nos fue dada.

Volvamos al paisaje del carro de quesos, poblado y vario como una biosfera: hay una sensualidad muy propia en sus texturas más rugosas o más firmes, en el borbotón de una torta, en la crema que rebosa, en esa aspereza del manchego tras besar el paladar. Mejor un queso que muchos quesos: lo que merece probarse, merece probarse a fondo, sin chutneys, sin mermeladas, sin —con perdón— mariconadas. Busquemos pues esas tiendas donde el afinado es perfección y geometría; esos restaurantes donde llevan en volandas la mesa de los quesos con la unción con que se sacaría a un santo en procesión. Eliot sospechaba de las culturas orientales por su desinterés por el queso. Nosotros ya sabemos que es palabra de un paisaje, memoria y afecto: civilización. Una de las gracias inapreciables de la vida.

Los esnobismos de la digestión

I

Tal vez el Laxen Busto fuera —según su publicidad— «un laxante agradabilísimo», pero seguramente tuvo algo de exceso el caso de aquel restaurador que, al final de las comidas, invitaba a la clientela a una copita de hierbas con una pastilla del purgante. Tan rara cortesía no hubiera dejado de convocar la censura de nuestro Camba, quejoso de que en la España de su tiempo el bicarbonato se pusiera sobre la mesa «como se pone el azúcar o la sal», cuando en el mundo culto «la hiperclorhidria se considera un accidente y no una consecuencia normal» de la comida. Como no somos especiales ni en nuestros defectos, Morand, sin embargo, dará testimonio del avance conjunto de civilización e indigestión en ese mismo mundo culto. «A los cuarenta años —escribe desde Manhattan—, todos los americanos son dispépticos.»

II

La frase es exacta y —en su cronología— dolorosa.
Coquet habla de los *gourmets de lait*, esos bebés que
privilegian uno solo de los pechos de la madre, «al que con
gusto concederían tres estrellas» Michelin. Aun así, al
principio de la vida rara vez nos hace falta ser refinados:
nos basta con ser voraces. Es a partir de la mediana edad
cuando el placer va venciendo a la necesidad, la ansiedad
abre paso a la memoria sensual y lo que era músculo
—en fin— se nos va en papada. Comer deja de ser ingerir, el tragón —de modo natural— metaboliza en poeta.
Aprendemos entonces algo melancólico: el primer man-
damiento de la cocina es caer bien al estómago. Sin
embargo, el tiempo también tiene sus consuelos, y cuando todas las pasiones pertenecen al pasado, la pasión de
la cocina permanece. A esto aludía Maugham al afirmar
que, llegado un cierto momento, el amor, el poder y la
gloria importan poco frente a un filete con patatas.

III

Sobre todo, claro está, si uno es capaz de comerlo: entre
los amigos de la cocina ha habido tragaldabas como
Dumas pero también estómagos minúsculos como Pla,
aunque a veces esto se compensara —el caso del propio
Pla— con un hígado irrompible. No diremos que el de-
senfreno no es un plato que hay que probar de cuando en
cuando, pero incluso el régimen previsto para inapetentes,
desganados y débiles de estómago guarda sus secretos de
voluptuosidad: vinos quinados, consomés sustanciosos,

cremas, gelatinas, caldos con su yema, jamón en dulce... Jean Lorrain nos cuenta de una muchacha exánime, pálida como el caolín, que para ganar fuerzas debe ir al matadero a por su reconstituyente: un vaso de sangre, todavía humeante, de ternera. Lorrain la describe, sobre sus labios, «como leche roja un poco espesa». Y parece que se relamiera al describirla.

IV

Al ver publicidades antiguas contra «decaimientos de fuerzas, opilación, clorosis», tampoco podemos menos que sospechar segundas intenciones. El toni-nutritivo «vino de Bugeaud», por ejemplo, no dejaba de mercarse como «un vino generoso de primera calidad, de un gusto muy agradable», capaz de aliviar «el empobrecimiento de la sangre» lo mismo en «la primera infancia que en la extrema vejez». Nada, en efecto, como un mareo dulce —como una embriaguez— para sobreponerse a todo mal. Semejantes efectos psicotrópicos tendría el Vino Amargós, que a una base de Málaga dulce añadía el vuelo de la «coca del Perú». Así se mostraba ideal para «digerir con facilidad y recuperar vuestras fuerzas», si bien el Vino vanádico del doctor Soler podía «oxidar las digestiones mejor que ningún elixir». Como siempre ocurre, sin embargo, lo foráneo tendrá un extra de seducción incluso en la farmacopea: de ahí la prosopopeya francófila del Vino Bi-digestivo de Chassaing para «digestiones pesadas o incompletas» o un «Vino de Vial» que conviene a los «convalescientes» (sic) y «todas las personas débiles y delicadas».

V

Tampoco habrá aquí mayor candor: la debilidad y la delicadeza y la blancura han sido signo de distinción desde siempre y hasta ahora. Lo han sido en el Cantar. En el Cavalcanti que compara a su amada «con la nieve blanca que cae sin viento». En las bellas de Lope, que beben aguas barrosas para contagiarse de una palidez porcelánica. En el aticismo de un XVIII envuelto en muselinas y en un XIX —recordemos a la muchacha de Lorrain— marcado por el culto a la ninfa. Perder la color, fingirse lilial y alabastrino, ensayar anémicos desmayos, mostrar caprichos y ascos y manías con la comida podía ser —escribe Léo Moulin— «una manera de afirmar estatus social y distinción de clase, de atraer la atención sobre la propia persona, de volverse digno de compasión, […], de mostrar un punto de exhibicionismo y, en lo que a las mujeres se refiere, una manera de oponerse a un sexo masculino más sencillo de satisfacer en materia de alimentación […] en una palabra, menos refinado».

VI

Habría que esperar a la expansión del psicoanálisis para que la enfermedad *chic* costara menos esfuerzo. Hasta entonces —avanzado el siglo XX— iba a ser el tiempo de las píldoras de —por ejemplo— Villeroche («laxante discreto por excelencia, no interrumpe las ocupaciones diarias») o del doctor Dehaut («suprimen la necesidad de guardar habitación»). En algunos casos, cuesta conjeturar qué curaban porque no queda claro qué trataban: pienso en las del doctor Moeller contra «el hígado tórpido» o las de Brandreth contra «la lengua sucia», y las hay que, junto a la tarea mecánica de «evitar agruras y llenuras» prometían al paciente, como las pastillas del doctor Richards, «fuerzas, carnes, buen color y buen humor». A falta del reclamo extranjerizante, al productor nacional al menos le quedaba el prestigio del lenguaje técnico para entronizar el placebo: véanse la «magnesia bisurada» o «los salicilatos de Vivas Pérez», adoptados nada menos que por «los ministerios de Guerra y de Marina». Incluso habrá incursiones por la fantasía pura, como la Carne líquida de Montevideo, producto precisamente de la «liquidación» —hoy diríamos «licuefacción»— de «terneras escogidas». Sin duda, cualquiera de estos remedios de botica era menos útil que el Omeoprazol que tomamos antes y el Espidifén que tomamos después de una gran noche, pero nadie dirá que a esos remedios de antaño les faltase su poesía, su carga moral, su reverberación y vanidad humana. Ni, al Laxen Busto, un sabor a chocolate que lo elevaba de laxante a *mignardise*.

El alcohol y la penumbra

El Hispano hacía honor a aquella definición de bar según la cual es el lugar que nos ofrece el alcohol y la penumbra. Lo vi cerrar cuando ya tenía la barra bien pulida de las chaquetas de una feligresía que —durante décadas— ha ido allí a cultivar esa forma suprema de meditación consistente en remover la piedra de hielo de la copa. Mejor whisky. La misma existencia del Hispano era hoy cosa desusada, superviviente de su paredaño House of Ming, con quien formaba un rincón de las variedades del cosmopolitismo frente al asedio de las franquicias de la globalización. Quién sabe si su grupo hostelero mantenía el local abierto por un cierto sentido del honor, pues nuestros nietos —nuestros hijos— apenas creerán que en la vieja Europa llegó a haber bares con zaguán, con guardarropa, y un aparca tocado con gorra a quien, el estilo es el hombre, lanzar las llaves del coche. A mediodía —esos mediodías rebosantes de Madrid— aún se llenaba, cabe imaginar que por las patatas con almejas, pero de noche tuvo siempre la biosfera de intimidad de los lugares sin música. Allí comí por primera vez con Valentí Puig. Muebles déco, sillones corridos en color verde Edimburgo y esa media luz que —como el bar *américain*— es de lo mejor que le debemos al viejo siglo XX. Lo irónico es que no hacemos más que abrir locales que intentan parecerse a los que acaban de cerrar.

Toda júbilo es hoy la gran Toledo

No hay vida madrileña sin el recuerdo de días —azules, soleados, aburridos— en la sierra. Podía ser por San José o por el Pilar, una de esas fiestas que no llegan a puente y que, de principio a fin, saben todas ellas a tarde de domingo. No ayudaba que tantas veces fueran en otoño, ya con un decaimiento un poco triste, y esos atardeceres de Castilla que, a cierta edad, más que hermosos, nos parecen terminales. No ayudaba ver más viejos a los abuelos, ni madrugar al día siguiente; tampoco, desde luego, ese viaje de regreso y caravana que, para añadir banalidad a la agonía, tenía como corifeos a los locutores de Carrusel deportivo: nuestras primeras melancolías nunca estuvieron exentas de peligro en La Romareda.

En excursiones así formábamos parte de una tribu incómoda: la de esos madrileños que, más que viajar, nos propagamos como la filoxera para ir esquilmando los restaurantes donde, según la especialidad local, servían revolconas de Ávila, ponche de Segovia, judión de La Granja o fresas de Aranjuez. El trato madrileño/aborigen siempre consistía en dejar algo de dinero a cambio de rebozarnos un poco en la autenticidad provincial:

seguramente, todos salíamos perdiendo. Como sea, cuando, ya algo mayor, daba aquí y allá con los últimos versos de Machado — «Estos días azules y este sol de la infancia...» —, no podía más que sentir una arcada de tristeza, aunque al cabo de los años los recuerdos tristes dan calor y hacen cierta compañía.

Quién iba a decir que después me haría tan adicto a estos viajes que hasta he visitado, con gran exaltación de espíritu, lugares donde jamás ha pisado un español: por ejemplo, Guadalajara. Porque estos domingueos no son solo útiles para cansar a los niños o descansar de la cocina: también han sido, desde la invención del automóvil, rito de paso en las *mores* afectivo-sexuales de los madrileños. Y, sincronizado a la perfección, es decir, avizorado tras la primera cita, comentado al azar tras el primer cine y decantado con naturalidad tras los primeros besos, el viaje a Toledo, la excursión a Toledo, era un hito necesario en los usos amorosos del madrileño medio. Era un sábado del que debías volver, figuradamente, con las medidas del chaqué y la sábana ensangrentada. Una amiga me refirió la escena —veían la caída de la tarde desde el Parador— en estos términos: «A mi marido le dije, ¿y tú qué? ¿Vas en serio o no? Porque eres el cuarto que me trae aquí». Hijo de la UCD, hijo ya de otra época, se me hace muy extraño un mundo en el que pueda haber ayuntamiento carnal sin haber pasado por una perdiz a la toledana, y siempre me he preguntado cómo harán en otras ciudades, cuáles serán los Toledos de La Coruña o Barcelona o Montpellier, para tramitar este paso.

No diré que, por amor, no haya habido que ir a la catedral de Sigüenza, a la plaza mayor de Valladolid, a la quinta de El Pardo, al hayedo de Montejo o al vinazo de las cuevas de Chinchón: la pasión puede con todos los asados que se le pongan por delante e incluso una vez, en el trance febril del primer noviazgo, casi propongo ir a Ocaña. Sí, hay muchos sitios, y no negaré poder propiciatorio a las judías del Barco ni al cordero de Sacramenia.

Pero soy parcial. Es a Toledo adonde hay que ir: incluso si el viaje terminara en desamor, en accidente o en desgracia, todavía habríamos justificado el día al pagar ese impuesto a la belleza que es ir a ver Toledo. Toledo se impone a todo, lo salva todo: hay una llaneza y una grandeza que allí nos reclaman, una hermosura con significado, una hondura que solo se revela al que la sabe leer con ojos antiguos. Está de más, por tanto, preguntarse si uno se siente turista entre los rótulos de «Ciudad imperial» y las tiendas de espadas y de elfos: hay algo de una España muy vieja que en Toledo se resiste a morir, que no morirá nunca, y cada vez que uno vence la cuesta y llega al Zocodover —al Zocodover de Cervantes, al Zocodover de Cide Hamete Benengeli—, uno siente la euforia de pisar tierra sagrada.

Es posible que algo de este entusiasmo lo hayan notado mis acompañantes: a las mujeres, creo, les puede intrigar el cinismo, pero les gusta la pasión. Por eso mismo Toledo hay que saberla pasear, hay que saberla contar. Hay que buscar esa última hora que ve Barrès, cuando Toledo *«est déjà tout dans le violet»* y los últimos rayos tras las sierras la iluminan *«d'une flamme jaune où se mêlent de rares ombres»*. Hay que saber llegar tarde sin miedo, encontrar las callejas de la ciudad donde nadie nunca se quedó a dormir. Saber contar todas las vidas que aquí no tuvimos: dama renacentista en Fuensalida, sabio en busca del Aleph, monaguillo en un concilio o labriego cuesta arriba con el burro. En el Parador, algo cansados tal vez de la caminata, tomaremos un respiro. Hemos visto ya, quizá, el claustro de San Juan de los Reyes, hemos paseado las sinagogas y presentado nuestros respetos en el sepelio del conde Orgaz. Es un momento a la vez dulce y —estamos en Toledo— heroico. Los versos salen, las manos se aprietan: «Si Garcilaso volviera…»*

En Toledo, como en cualquier otro lugar donde nos pueden ofrecer pizzas de paella, también hay que saber comer. El hecho de que la ciudad fuera capital en tiempos de Carlos V ha debido de dejar una huella profunda en el psiquismo de su gremio de restauradores, pues, hasta hace pocos años, era raro el local donde alguien se atrevía a desertar de los tipos góticos. No se entiende qué legitimidad extra podía otorgar lo germánico a las lentejas de La Sagra, pero ahí estaban tantos locales, perpetuando la tradición de bandoleros de la región, al asalto del japonés con sus asados recalentados y sus perdices urbanitas. Hoy los propios toledanos han espumado mucho de lo rancio: hay lugares serios, con una comida local inteligible. Hay

---

* Desde este mirador, en efecto, siempre queda de gran efecto recitarse algo: yo preferiría el regusto heroico y triunfal de La Raquel («Hoy se cumplen diez años que triunfante / le vio volver el Tajo a sus orillas»), pero ponte tú a explicar la historia de Alfonso VIII y sus amores con la judía; al margen de que hay partes escasamente románticas («el cuello amenazó del Saladino, / tirano pertinaz de Palestina»). Por otra parte, el «Corrientes aguas, puras, cristalinas» garcilasiano, que tan delicado sería a estos efectos, no puede decirse sin cruel sarcasmo ante la ciénaga que suele ser el Tajo en su meandro; de modo que lo que sale más a cuenta es ese «Si Garcilaso volviera…», que al fin y al cabo tiene todo lo que solemos exigir a la poesía: que sea breve y que rime un poco.

una industria conservera de importancia en la región, para todos aquellos que quieran cargar el coche de aceite y chorizos de venado y contribuir con el pequeño comercio. Incluso hay lugares donde la cartelería gótica resulta una tranquilidad: la Venta de Aires, por ejemplo, con su *chic* rústico y esos diplomas al mérito turístico firmados por Manuel Fraga Iribarne...*

* Toledo capital mantiene unas relaciones peculiares con Toledo provincia en general y con La Mancha en particular. Respecto de la provincia, don Javier de Burgos parece haberse dado varios caprichos a la hora de definir los límites del territorio: Aranjuez no es Toledo, pero —aunque medien montañas y no poca distancia espiritual—, sí es parte de Toledo ese balcón extraordinario que baja de Gredos a Ávila y Extremadura: Talavera, Oropesa, Navamorcuende, Lagartera y demás, por otra parte una zona con una densidad etnográfica que no hallaríamos en el Mato Grosso. *Encore*: en la provincia tenemos los montes de Toledo, ubérrimos de caza; tenemos los llanos cerealeros de La Sagra; el páramo —o muy frío o muy cálido— de La Mesa de Ocaña y, por supuesto, una parte de Mancha toledana, con El Toboso, Consuegra, sus molinos y sus campos de azafrán. En lo que respecta a la propia Mancha, Toledo es una de sus puertas, pero se jacta de tener mucho que mostrar por sí misma como para tirar, a efectos promocionales, del Quijote. Valga esta digresión geográfica para decir lo que podemos esperar de la cocina toledana: ante todo, buena caza —perdiz, zorzal, pichón, jabalí, venado, conejo, liebre—, migas, dulcería conventual, un mazapán invencible. Confiemos en la buena carne de las dehesas altas al pie de Gredos y de los cebaderos de Torrijos; también en las verduras de Camuñas (y su magnífica Hortícola Sócrates, a los mandos de un agrofilósofo). Hay gachas, pero otros platos manchegos quedan, justamente, más Mancha adentro: los gazpachos, ante todo, pero también el cordero de los llanos de Albacete y Ciudad Real. El cabrito afamado es de Guadalajara. El bacalao —bien bueno— resulta inevitable, pero ante todo busquemos en Toledo, que diría Perucho, «el asombrado conejo» y, más aún, las perdices estofadas o escabechadas, propias de «la región más perdicera de Europa» y capaces de restaurar la fama de las «venteriles y limitadas cenas» que comió Cervantes no lejos de aquí.

Pero la vida es cosa de parcialidades: si toca excursión, toca Toledo; si toca Toledo, toca Adolfo, donde hemos pasado muchas horas felices y ninguna barata. Así debe ser en los mejores restaurantes, y la sala de Adolfo tiene ese silencio, esa calma laboriosa, que también es propia de los grandes restaurantes: un lugar donde se abolieron las ganas de marcharse. Lo mejor, en todo caso, es empezar por la bodega, que —como todo en Toledo— está escondida. Y hay que empezar por elegir el vino allí para que no pase como en alguna ocasión, ya de noche, en que tuvimos que ir procesionando con el propio Adolfo como amo de llaves y un camarero con su bandeja, atento a no derramar los dry martinis por el adoquinado. Si uno es previsor, un aperitivo allí, al final de la mañana, acompañado de ese silencio inimitable que hace la compañía de millones de euros en Burdeos, es muy placentero. E incluso pueden pasar cosas. Un día, borrachos los ojos de pasearlos por miles de botellas, de pronto sentí un tirón en el corazón, como Rodrigo de Triana al entrever un cocotero, Champollion pasando el dedo por la piedra de Rosetta o Fleming asombrado ante la retirada de los estafilococos: había visto un Corona del 39, el de Cune, el semidulce blanco, el vino —quizá— mejor de nuestra historia. Despojo de una buena batalla, hoy está entre los cascos indultados.

La perdiz, habitualmente tratada con suficiencia, es el mayor reclamo para ir a Adolfo, pero su cocina ya propició un milagro: que se puedan mezclar en la misma frase las palabras «manchega» y «ligera» —de este modo, a la hora de la siesta tal vez podamos tener otros ardores, pero no el de esófago. Y si, en el momento de los postres, el propio Adolfo se pasa por la mesa, todavía hay ahí una página para la imaginación: para saber de la historia del niño de familia pobre que triunfó en Tokio y Yokohama, el cocinero que pasó del asador al Pomerol y el empresario al que, todo queda en Toledo, no le disgustan las comparaciones con el cardenal. Con un pico de vino dulce y un par de comentarios *en passant* sobre artesonados y bóvedas mudéjares, no hace falta ser muy impresionable para que el corazón lo empiece a picar todo junto, el conde Orgaz y el cardenal Cisneros, cigarrales y damasquinados, sinagogas y alcázares, los consejos de Adolfo para un arroz de zorzales, Toledo y el amor. Cuando esto sucede, es la hora para subir a la terraza.

Sí, es la hora para subir a la terraza y sentirse planear, ebrios en la tarde inmensa, pared con pared con la catedral, vecinos de los vencejos que hacen la ronda a su torre. Ahí, una copa tonta ayuda mucho, mientras vemos Toledo como el oriente que es, sus «muros de un blanco crudo», según escribe Barrès, «los tejados que se confunden con el inmenso cariz violeta de toda la montaña». El Alcázar domina: es una ironía benéfica que, después de tantas guerras españolas, ahora tenga que asistir a tantos besos japoneses. Ante nosotros, «esta puesta de sol en Toledo congrega todas las formas, todos los sueños, para hablarnos de una vida verdadera a la cual nos creemos predestinados y nos falta conquistar». A las siete de la tarde todo se va ya resolviendo en sombra. Alegría en los corazones. Más prosaico, James de Coquet afirma que un hombre no ha poseído del todo a una mujer si no la ha iniciado en los misterios de Florencia, de Toledo y de Sodoma.

Mayo

Una deliciosa tontería

Los huevos más valiosos de este mundo son los huevos Fabergé, pero —en términos de cotización— es posible que los huevos de gaviota no les queden muy atrás. Llegan del marjal cuando la primavera inglesa ya se ha desperezado por completo, de tal modo que uno podría pasarse por la manifestación del primero de mayo —al menos en teoría— y después comerse su ración. Por supuesto, hace mucho que los huevos de gaviota dejaron de ser objeto de robo famélico, del furtiveo de la guerra, para volver a considerarlos, como en tiempos victorianos, una deliciosa tontería. Servidos en algunos clubs y algunos restaurantes, suelen pedirlos ese mismo tipo de señores que pedirían un par de azotes a la camarera.

Cada año, cuando el tiempo ya mayea, un fantasma recorre la barriada de St. James: la angustia de ser el primero o quedarse sin ellos. El suministro es irregular. El volumen —apenas unas miles de docenas al año— es insignificante. Los lugares de recogida son escasos. Y, como la misma primavera en su esplendor, la temporada —dos semanas, tres— es breve tránsito. Por eso, tras preguntar por el precio y decir que es un escándalo y un robo, que eso no hay quien lo pague, que este año sí que no, al final no queda otra que plantarnos en nuestra última palabra: «Me va a poner una docena».

Parece ser cosa bastante común el tener asco a las gaviotas, pájaros malencarados y chillones, con fama de vaciar las cuencas de los ojos de los ahogados: si esto no es cierto, sí lo es su gusto por la basura, o esa violencia con que vienen a por nuestra comida como si nos fueran a arrebatar a nuestra hija. Podemos reprimir el asco: los *gulls' eggs* no provienen de la gaviota estándar, cuyo nombre latino le ahorro, sino de la *Chroicocephalus ridibundus*, que en su etimología ya se nos desnuda como gaviota reidora. Más pequeña de tamaño y más apacible de carácter, tiene las plumas de la cabeza color chocolate en el verano. Solo en el verano. Francamente, es un bicho al que resulta difícil no tener simpatía.

Los huevos llegan a la mesa servidos en su cáscara, de un verde militar muy moteado, algo entre Dolce&Gabbana y el expresionismo abstracto. Antes, sin embargo, ha habido que proceder a su recogida. Este es un ámbito de gran secreto. Las licencias de huevero —sic— son pocas y se transmiten de generación en generación, en el seno de las mismas familias. Son ellas quienes vigilan los lugares de puesta, a veces durante noches enteras, para espantar las alimañas —zorros, seres humanos, etc.— antes de partir con el alba. Los hueveros terminan por desarrollar cierto afecto hacia estas aves y no es infrecuente, si el huevo queda atragantado en el canal, verlos dar un masajito a las gaviotas. No se coge más de un huevo por nidada, y todo se lleva con un rigor contable que para sí hubieran querido en Lehmann Brothers.

Los ingleses, que han dedicado al punto de cocción del huevo la pasión minuciosa, casi teológica, que otros pueblos dedicamos a las guerras civiles, han descubierto que el de gaviota alcanza su textura en esa vía media entre pasado por agua y duro. Yo no sé cómo sabrán otros huevos salvajes codiciados, para cuya cata ya hay que vivir fuera de la ley y de la ciudad: avefría, por ejemplo, o grajilla, al parecer maravillosos. Sí sé que el de gaviota es, quizá, distinto a lo que uno podría esperar: su sabor no es lacunoso ni acuátil, como dirían nuestros clásicos —tiende más bien hacia lo dulce y, dentro de lo dulce, gusta por ser a la vez delicado y concentrado, lo que da muy bien con su cremosidad. Los poetas, que encuentran en la cocina un campo muy propicio para sus exageraciones, han definido el color de la yema como «naranja crepúsculo» o «dorado como un sol de otoño», y tras esta hipérbole, hay que volver a la prosa cruda y pensar: «¿Vale la pena?». Ante eso, solo puedo apelar al fuerte debate moral entre las cosas que merecen la pena y aquellas otras que simplemente nos hacen gracia. A lo cual debo añadir que estoy deseando probar, como aquel personaje de *Brideshead*, los huevos de chorlito.

La viognier y los internados japoneses

Es una verdad universalmente reconocida, como diría la Austen, que ponerse lírico resulta una manera insuperable de convocar la vergüenza ajena. Sin embargo, una vez no me quedó otro remedio que describir un vino como «la primera brisa de la primavera que nos llega tras pasar por los cerezos de algún internado femenino en el Japón». La decepción conmigo mismo dura hasta hoy. Y aunque podría argüir que uno era entonces más joven y más tonto, la excusa de peso debe ser otra: el vino era un blanco —un muy buen blanco— de viognier. Y está comprobado que es muy difícil referirse a los viognier sin caer en un cierto idealismo de los sentidos.

Ya, ya lo sé; todos lo sabemos. Confesar una debilidad por la viognier puede causar tanto embarazo como confesar una debilidad por, qué sé yo, las azotainas o —precisamente— las colegialas japonesas. No entra en los cánones de pureza de las almas más adustas y censoras. Y, en parte, es comprensible: se han hecho muchas barbaridades con esta uva difícil y alcohólica, tan voluble como para que cada grano del racimo madure cuando lo tiene a bien. Baste decir que esta variedad francesa

—de Condrieu, en el Ródano— estuvo a un suspiro de desaparecer. Solo la salvó el tesón de Georges Vernay, alias monsieur Condrieu, y solo la popularizó el entusiasmo de los americanos allá por los sesenta. Desde entonces, la viognier arrastra la fama plebeya de ser del gusto de *les américains*. Y son los *américains* quienes, con frecuencia, han hecho con la viognier lo que los millonarios chinos con sus copias de los castillos del Loira a orillas del Huang He.

Para el necesario desquite, uno recomienda pagos como *Les Chaillées de l'Enfer*, del propio Vernay: la producción es tan testimonial que —sospecho— cada año hay asesinatos para hacerse con alguna de sus botellas. El crimen, en todo caso, está justificado, y más aún cuando la viognier es joven y duda todavía entre el olor a acacia, a flor de tilo, a melocotón de viña —a primavera esencial. Ahí está la uva del Ródano en toda su sensualidad sonrosada, casta y fresca. Como la visita de la gloria a estos nuestros labios pecadores.

El *chic* de la apicultura

Las abejas han merecido el interés de Aristóteles, han recibido la alabanza de Virgilio, han conseguido el Nobel con Maeterlinck y, en sus largas páginas de vida y fábula, han logrado lo mismo alimentar a Júpiter que sobrevivir al logotipo de Rumasa. Tal vez esta última conexión con Ruiz Mateos nos dé indicio de una realidad: ahora mismo, la apicultura está pasando unas décadas muy malas, por oposición a esa época en que la miel no faltaba en el *kit* de la poesía pastoril, dentro del zurrón junto al requesón y la cuajada, en los amenos prados de la primavera. Ya alguien dijo que la miel tenía el encanto del amor del verano y de las frutas maduras del otoño. Es una observación sensible, y ojalá que la apicultura reconquiste su *chic* y vuelva a ocupar su lugar entre las aficiones elegantes. ¿Por qué no probar con la tenencia de abejas, ahora que las clases ociosas se dedican a recuperar solanáceas inhabituales en sus huertos o a criar especies excéntricas de gallina? En las novelas de alto *standing*, los tés envenenados con miel de azalea —o rododendro— siempre han dado muy bien.

La apicultura ha tenido sus defensores entre puritanos,

higienistas y toda esa gente un poco tediosa que iba a salvar a la especie humana con un régimen de muesli e inmersiones en agua fría. Incluso —como una mojigatería a la inversa— la contracultura se adueñó de ella, atenta a esa liga de la autenticidad que quiso privilegiar la miel milflores, el pan integral, los huevos morenos y el azúcar crudo frente a sus contrapartes blanqueadas. Como sea, las «laboriosas abejas» virgilianas cuentan con toda una genealogía intelectual. Están en la arquitectura como en la hagiografía* o en la heráldica. Están en Poussin y en Mies van der Rohe. En las fábulas de los clásicos y en las de los neoclásicos. En «La moderna apicul-

* San Ambrosio, obispo de Milán, fue orador sagrado tan estimable que sus palabras eran consideradas dulces como la miel: por eso se le representa con abejas que salen de su boca o que revolotean alrededor de su cabeza. San Bernardo, por su parte, es llamado el doctor melifluo aunque era todo un carácter. Con todo, es la italiana Rita de Casia quien tiene una mayor relación con la apicultura en general. Santa Rita era un bebé cuando unas abejas muy blancas le entraban y salían de la boca sin hacerle daño, alimentándola con miel de modo que la niña ni lloraba para alertar a sus padres. Esta especie de abejas es extraña, endémica, y habita aún, para pasmo del peregrino, en los muros del monasterio ritiano, siendo consideradas por los biólogos como «abejas murarias» y por los visitantes como «abejas de Santa Rita». Estas abejas llamaron la atención de un insigne papa apicultor, Urbano VIII, uno de los pontífices que han ostentado fecundas abejas en su escudo pontifical. Al papa le llamó la atención el fenómeno de que estas abejas blancas surgieran de las paredes del monasterio desde la Semana Santa de cada año hasta la festividad —el 22 de mayo— de santa Rita, momento en el que volvían a la inactividad. Urbano VIII mandó capturar unas cuantas abejas, movido por espíritu curioso: a una de ellas le ató un hilo y ordenó que fuera puesta en libertad. La abeja fue descubierta a ciento cincuenta kilómetros de Roma, en el monasterio de Santa Rita, naturalmente. Siglos después, las monjas han puesto unas colmenas y venden su miel para el sostenimiento del monasterio. Alguna inteligencia se les ha pegado de las abejas.

tura» de Madrid y en «La colmena» de Barcelona. En la Holanda que, con el místico Swammerdam, estudió las abejas bajo la lente de los primeros microscopios, y en la Castilla que, con el clérigo Alonso de Herrera, trata por extenso «de las abejas y otras animalias». Quizá por esta prosapia, cierto profesor mío de Filosofía, espíritu fino, estaba decepcionado consigo mismo por no gustarle la miel: admiraba su vertiente ctónica, energética, compatible lo mismo con los presocráticos que con los banquetes de Platón o el sentimiento terrestre de un Federico Nietzsche. Miel y filosofía: con una dieta de pan y miel, Pitágoras duró hasta los noventa años. Como se ve, la afición a la miel no es solo una falta de sofisticación propia del gusto de sexagenarias que caen en la gula a falta de pasiones más significativas.

En esa golosinería tienen la primacía las propias abejas, que hallan en la miel «una afición […] tan ciega, que no hallo a qué comparalla, sino a un amancebamiento», según leemos* en ese príncipe de los apicultores que fue el aragonés Jaime Gil. Ya en las *Geórgicas* se pondera *«tantus amor florum»* en los apiarios y, de las abejas a los hombres, la imagen libatoria es vieja como nuestra raza. Al respecto no faltan imágenes erotizantes en el Cantar: «Panal que destila tus labios, Esposa; miel y leche está en tu lengua», en traducción de fray Luis. Irónicamente, esa miel sexuada también servirá —Biblia adelante— para las penitencias del Bautista.

A nadie le extrañará que, dada esta conexión semítica, la cocina de la miel —más allá de la repostería precho-

---

* En concreto, en la «Perfecta y curiosa declaración de los provechos grandes que dan las colmenas bien administradas, y alabança de las abejas», de 1621.

colate— haya tenido, como la de la verdura, tanto de judía. Sin duda, a los pasteleros les ha sido particularmente cómplice: la miel acelera la fermentación de las masas leudadas y las mantiene frescas. Pero la miel también era útil para suavizar —melificar— platos de caza, en busca de esas complejidades de lo agridulce: cocinera espléndida, mi propia madre embalsamaba el jabalí en una mezcla de miel, mostaza, mantequilla y vinagre. Quizá por este recuerdo me sea más triste otro: solo una vez he visto a un gran cocinero haciendo una defensa activa de la miel. Fue en un acto pagado por una denominación de origen del ramo.

¿Qué le ha pasado a la miel? Tampoco es ajena a los dandismos del día. Hay catas. Hay «apisumilleres». Hay mieles raras, como la de metcalfa: es un insecto, y las abejas liban sus secreciones. Al mismo tiempo, la miel tiene que hacerse perdonar, tiene que redimirse con aplicaciones cosméticas y médico-naturistas para venderse. Lo último que le queda es eso, esa confianza, la seguridad casera que ofrecen los alimentos más sagrados y más básicos: la propia miel, el pan, la leche. Ahí, de alguna manera, saber que la miel es buena no nos lleva a comerla, pero sí a lavarnos la cabeza con ella.

Y así se resiente la propia miel. Meses atrás, en una casa de comidas, pedí con toda ilusión una cuajada. Lo que vino con ella fue una miel pasteurizada, industrializada, homogeneizada, desnaturalizada, caquéctica, lejana de las flores. China. Una miel china. En consecuencia, solo servía para ahorrar. Es una vejación de más a la tierra que, desde Granada y Orense, desde los Ibores o la Alcarria, enviaba a Roma no solo su aceite y su grano: también la flor de sus panales. Dumas nos habla de la fama mítica de la miel del monte Himeto, de la miel —muy selecta— de Narbona: las nuestras son de zona áspera y pobre, pero con una primavera agradecida. Y haremos mal en darles la espalda en las gasolineras: en cada frasco se ha encerrado todavía algo de la «luz líquida» de Maeterlinck. En realidad, pocas cosas alaban al mundo como la miel.

Por mi parte, le debo alguna dulzura. Ocurrió varias veces. Venía al campo el camión del colmenero salmantino. Los niños le mirábamos ese traje suyo de astronauta pobre, le preguntábamos por las picaduras —claro que picaban— de las abejas. Al final, llegaba el momento esperado: abría la cisterna sobre un bidón, para que recogiéramos arcádicamente un grueso borbotón de miel —miel negra, miel de encina— sobre panes blancos y rubios, mientras el verano decaía. En la oscuridad de la miel flotaban abejas y grumos de polen. Hoy podría recordarlo como una imagen de la felicidad, pero es imagen de algo —ay— mucho más importante: la juventud.

Viáticos

I

Pertenece a la ironía de Dios el caso de Paul Claudel: haber sido un poeta de vuelo profético para que tus últimas palabras sean «Doctor, ¿habrá sido el salchichón?». Al menos Claudel tenía sus sospechas: a Diderot su mujer le advirtió de que no se comiera un albaricoque. «Pero mujer, ¿qué daño puede hacerme?», respondió el *philosophe*. Fue morderlo y caer muerto de un ataque al corazón. Las últimas palabras de Pitt el Joven —bebedor extraordinario y magnífico primer ministro— son objeto de disputa: según unos, habló el estadista («¡Mi país! ¡Cómo dejo mi país!»); según otros, el glotón («Creo que me voy a comer uno de esos pasteles de carne de Bellamy»). Lo lógico es que Carême muriera en plena faena: hablaba de cómo mejorar unas *quenelles* cuando —en un segundo— le vino el trallazo. Y pertenece al genio francés que, en el estertor postrero, un maestro de cava de Burdeos todavía adivinara el vino que le habían dado para aligerarle el tránsito: un Château Lafitte del 70, como un anticipo de la gloria.

II

«El abate Dubos, canónigo de Beauvois, vivía familiarmente con Fontenelle, considerándose ambos amigos. Un día, el canónigo almorzaba mano a mano con el autor de los mundos (*Entretiens sur la pluralité des mondes*) y le fue presentado un mazo de espárragos. Uno los quería con aceite, el otro con salsa. Acordaron los dos Sócrates (pues la sabiduría no excluye la gula) compartirlos haciendo la mitad al gusto de cada uno. Antes de que los platos estuvieran preparados, el abate Dubos sufrió un ataque de apoplejía. Los criados quedaron sobrecogidos. Fontenelle, el creador de ideas finas, dio gran prueba de celo y corrió a lo alto de la escalera para gritar, de modo que el cocinero le oyera: "¡Todos los espárragos en salsa! ¡Todos los espárragos en salsa!". Una vez ausente el cadáver, Fontenelle se sentó a la mesa y se comió todos los espárragos, afirmando así por la vía de los hechos que incluso la apoplejía podía ser buena para algo.»

La historia de estos dos académicos franceses la toma el jesuita Giambattista Roberti, para sus *Annotazioni sopra la Umanità del secolo decimottavo*, de Simon-Nicholas Henri Linguet, polemista francés, traductor de Calderón y contrarrevolucionario con motivo: murió durante el Terror.

Unas cuantas horas de barra

Pasarán más de mil años y muchos más, y una buena copa seguirá figurando entre las cosas perfectamente serias de la vida. Siempre conviene tener unas cuantas horas de barra para saber cuándo dar esquinazo al plasta o leer inspiradamente el pestañeo de la rubia. Como un aparte de la existencia amarga, ahí está el bar con toda su farmacopea para revelarnos que una hora en copas está mejor invertida que los ahorros de George Soros. Figura entre los consuelos de una especie a la que nunca le faltará —lo dijo Pla— la «sed biológica». Luego resulta que con el tiempo uno va descubriendo nuevas sutilezas: el aperitivo del aperitivo, ese dedal de vodka que, a las nueve de la noche, sella para la posteridad un almuerzo que se alargó. No olvidar el *coup du milieu*, ese coscorrón entre plato y plato que cualquier día empezará a recomendar la OMS. El alcohol, en fin, ilustra y nunca nos despediremos de nadie diciendo «chaíto».

Por supuesto, se puede beber como una bestia o beber como un ángel, y por lo general es aconsejable no volver descalzo a casa ni forcejear con la cerradura del vecino. Se trata más bien de calmar la taquicardia con el escalofrío de un martini, de celebrar un momento soleado entre los días, quizá esa copa de champán con la que el mundo deja de ser un valle de lágrimas. En la ciencia exacta de la coctelería hay una descripción topográfica del corazón humano, como en el sonido de los hielos se aprecia el eco distante de la música de las esferas. Ciertamente, a veces se llega a tanta sofisticación que dan ganas de pedir un *caliguay*, pero hay que honrar el bar como institución de civilidad para que la gente vaya pecando con un cierto orden. Que nadie nos destete de la *sobria ebrietas*, de la copa que despereza los afectos y nos concede un tiempo para la ecuanimidad. Al fin y al cabo, también dijo Pla que «se mea todo».

El Retiro y Horcher

El aire se serena y se viste de hermosura y luz no usada cuando tenemos la idea alegre de ir a Horcher. Pudo estar en Tallin o en Riga, en Lisboa o en Berlín: en cambio está ahí, en el Retiro, al lado de casa, a un solo brinco elegante de la Puerta de Alcalá. Compitió en poder con Club 31 —gran acuario del desarrollismo— pero en cocina ganó siempre. Últimamente lo ha redescubierto el estamento de los riquísimos *polancos*, sensibles por fin a las porcelanas de Meissen y al armagnac del año 22. Es tal vez el único sitio donde la elegancia conlleva que la carta esté la mitad en francés, la mitad en alemán. Allí las ostras saben más que nunca a lametón de sirena, y ese aperitivo —¡otra docena!— desluce en su excelencia cruda la sabiduría del chef más esforzado. Después van llegando —según temporada— corzos y gamos, becadas y perdices exhaustas tras su paso por la prensa. Tras Horcher siempre puede uno fumarse el puro en el Retiro, donde los pájaros se arrullan y ya toman el sol las primeras turistas alemanas.

Junio

Morandiana

«Natacha lee el menú en el Ritz:

> *Consomé Decazes*
> *Filetes de lenguado Nelusko*
> *Bomba Souvaroff*

"Decazes es mi tío, Souvaroff mi suegro, Nelusko mi abuelo: ceno en familia"».

PAUL MORAND, *Journal inutile*

Los escritores que amaron la cocina

James Boswell fue «un vago, un libidinoso, un borracho y un esnob», pero ante todo fue uno de los apetitos más prodigiosos del siglo XVIII. Entre resacas de apocalipsis y excursiones al burdel, su régimen causa asombro todavía: en cualquier sentada con los amigos, según leemos en sus diarios, podían dejar cadáveres «tres botellas de Burdeos, dos de Oporto, dos de Lisboa, tres de Málaga y una de ron», para repetir ingesta —tal vez aderezada con Madeira o Sitges— al día siguiente. Extraña poco que, con una sed tan rotunda, Boswell apenas lograra doblar los cincuenta años; a cambio, es una sorpresa que, en sus lapsos de sobriedad, consiguiera escribir uno de los libros más alabados de todo tiempo: *La vida de Samuel Johnson*.

No hacen falta muchos esfuerzos para imaginar qué opinión hubiera merecido la avidez de Boswell a los moralistas más ceñudos. Ahí tenemos al duro Epicteto, para quien «el acto de comer, como el de copular, debería hacerse de pasada», y ahí tenemos a un Tito Livio que fecha la decadencia de Roma con el auge de los grandes festines. Ninguno de estos severos pensadores fue tocado por la finura de un Brillat-Savarin, que admiraba en los apetitos más voraces su «obediencia implícita a los mandatos del creador». El placer, y singularmente el placer de la cocina, ha tenido muy difícil elevarse a arte, y si ha habido escritores gargantuescos, tampoco ha faltado un esnobismo del ayuno, del vegano Bernard Shaw a Foster Wallace o el Ceronetti que pierde la compostura ante una manzana. Por eso el caso de Boswell representa un desquite y una consolación para gastrónomos: al fraguar con su libro «uno de los éxitos más notables de la historia de la civilización», el escocés pudo aportar «la refutación más contundente de las lecciones de moralidad barata». Tal vez —se alegará— no haga falta llegar a los extremos boswellianos, pero para eso disponemos de la ponderación de Waugh: «Algunos, como Shaw, pueden alimentarse solo de nueces, y en cambio otros necesitamos caviar».

Quizá por eso, a despecho de censores, la cocina y la literatura han compartido una pasión que Dumas justifica con cierto optimismo corporativo: «Para conocer bien el arte de la cocina no hay nadie como los hombres de letras: habituados a todas las exquisiteces, saben apreciar mejor que nadie las de la mesa». En verdad, no todos los letraheridos han podido pagarse los Montrachet que Dumas se bebía «de rodillas», pero es indudable que la literatura nos ha enseñado a comer: a veces, al entender la cocina como alegría de vivir, como filosofía epicúrea capaz de refinar todo hedonismo; a veces, como provocación, libertinaje o exceso; otras veces, en fin, con los escritores como codificadores del gusto y árbitros de civilización.

Es una verdad que se puede trazar aquí y allá: ¿Qué

prestigio no le habrán dado a las ostras que las alabaran Plinio y Swift, M. F. K. Fisher y Chéjov? ¿Qué campaña de marketing puede legitimar la excelencia del jerez por encima de las alabanzas de Shakespeare? La obsesión por la becada, ¿hubiera sido la misma de no cuajar su leyenda en la dulce Francia con Maupassant y Colette? Por Pitágoras, las habas ganaron mala reputación a perpetuidad; por Pepys, tuvimos noticia de las maravillas del Haut-Brion, y no hay ceremonia del té que deje de remitirnos a las novelitas de la Austen. Lo mismo podríamos decir de Chesterton y el stilton, del parmesano y Bocaccio, pero, de la coquinaria a la sociabilidad, ¿qué no hizo por la cultura de los cafés que Diderot y Rousseau frecuentaran Le Procope? ¿Serían iguales nuestros modales de no haber escrito sus preceptos Della Casa, Castiglione o Erasmo? Por supuesto, si los escritores han dado prestigio a las trufas o al *champagne*, la cocina también ha servido para enaltecer a hombres de Estado o luminarias de las letras: más allá del Chateaubriand, pensemos que, de sopas a postres, hay nada menos que cinco platos «*à la* Cavour».

Es fácil, al tratar de la literatura y la cocina, limitarse a acumular anecdotario, a espigar en los banquetes afrancesados —*soupe de tortue* incluida— de las novelas de Tolstói. Al fin y al cabo, muchas veces, «la sensibilidad gastronómica», como escribe Revel, «es involuntaria y marginal» en su plasmación literaria. E incluso podemos lamentar que las mejores páginas de la literatura culinaria hayan permanecido tantas veces «en el estante de las obras menores»: véase que la propia RAE no admitirá el término «gastronomía» hasta el final del siglo XIX, y bajo una definición tan poco sensual como «tratado de la glotonería». Pero cuando caemos en la cuenta de que —como afirma el sabio Camporesi— el pensamiento culinario de Artusi hizo más por la Italia moderna que la unificación lingüística de Manzini, tendremos que convenir que, como dijo uno de los grandes, «comer no es ingerir», ni escribir sobre cocina ha sido solo aconsejar sobre dietética. Eso lo supo bien Gustave Flaubert: cuando quiere aportar una idea de la infelicidad de Emma Bovary, nos da el contraste entre el temblor de delicia ante su primer *champagne* en una fiesta y la sopa de cebolla que le espera en casa.

«Para escribir bien sobre comida, lo primero que hay que tener es buen apetito.» La frase es de A. J. Liebling —mítico cronista culinario del *New Yorker*— en el siglo XX, pero se aplica con plena congruencia a un Apicio que vivió y, ante todo, comió, en el siglo I. Es lícito tenerlo por santo patrón de los gastrónomos. Ciertamente, en los banquetes de la antigua Grecia ya se sabía que el esturión debía ser de Rodas y el cabracho de Éfeso, pero solo Apicio tendría el afán *gourmet* de embarcar para las costas de Libia en busca de unas gambas. Su perfil posa para la historia como autor del primer recetario —*De re coquinaria*— de la historia que nos ha llegado íntegro, pero es posible que su vanidad se viera más satisfecha por otras dos primacías cronológicas: *influencer* pionero, a su público «se le caía la baba al mirarle», y tras idear una receta para el talón de camello o las lenguas de flamenco, bien puede pasar por dandy primigenio en materia culinaria. Otro papel tal vez le gustó poco: arruinado, se suicidó por no poder mantener sus ritmos suntuarios, con lo que, además de santo patrón, Apicio será también protomártir de la amplia cofradía de gastrónomos trágicos, de François Vatel a Bernard Loiseau.

Apicio funda una realidad que va a ser una constante en las relaciones entre cocina y escritura: ese equilibrio imperfecto entre gastrónomos que fueron escritores y escritores que fueron gastrónomos. Por ejemplo, del elegante Petronio no nos ha llegado una sola receta, y sin embargo, con su banquete de Trimalción, nos da una cifra tan exacta del lujo delirante de la antigua Roma como Suetonio al describirnos el frenesí gastro-orgiástico de un Vitelio. Esas son pautas que van a tener continuidad, si bien no poco tortuosa: de toda la anchura de la Edad Media no nos ha quedado un solo tratado gastronómico, pero sí abundantes relatos de la gula heroica de los poderosos. En cambio, cuando la cocina medieval retoma el refinamiento de la cocina antigua, también reenganchará con la tradición de los prontuarios de Apicio y de la mirada carnavalesca de Petronio. Ambas corrientes irán de la mano cuando Villon —ese maldito del Medievo— cite en sus versos el *Viandier* de Taillevent.

La capitalidad de la cocina se instala desde entonces en Francia: si el Taillevent iba a tener vástagos de altura hasta el *Larousse gastronomique* de Prosper Montagné, el alentar pagano de un Petronio y un Villon rebrotan en Rabelais y su *Gargantúa y Pantagruel*, donde el pueblo de los «gastrólatras» «sacrificaban a Gáster, su Dios ventripotente» y se mostraban «temerosos de ofender a su vientre y adelgazar». El desparpajo rabelesiano de la culinaria renacentista se vería tamizado por el correctivo académico llegado de Italia: no mucho después de Rabelais, Montaigne se pasma de que un cocinero italiano le hable de su oficio «como si hablara de teología» o «del gobierno de un imperio». La Francia *gourmande* pasa a ser —hasta finales del siglo xx— la Francia *gourmet*: la culinaria irá cobrando respetabilidad y empaque, con las «nuevas cocinas» que surgen desde el siglo xvii, con el nacimiento del restaurante en el xviii y la lenta cocción de esa «edad de oro» que ve Boudan en los fogones franceses del xix. Es el recorrido que va de la *grande cuisine* de La Varenne y Carême a los escritos de Brillat-Savain y Grimod de la Reynière.

El «enorme entusiasmo» decimonónico por la cocina propicia el nacimiento de su hijuela más culta: la crítica gastronómica tal y como hoy la conocemos. Si con *La fisiología del gusto* de Savarin la gastronomía se alza por primera vez a literatura sin matices, la popularidad y la maestría en el gusto de Grimod alcanza de lleno a los escritores de la época: baste pensar que, en ese manual de decadencias que es su *Contra natura*, Huysmans calcará la «cena negra» que había ofrecido a sus invitados el propio Grimod. Aquí y allá, en la novelística francesa, la cocina pasa del margen a la centralidad: ya hemos citado el caso de Flaubert y de Dumas, pero también es necesaria la mención a Zola y «el vientre de París», sin dejar escapar que se han llegado a publicar volúmenes completos sobre el cafeinómano Balzac y su relación con la cocina. Con la culinaria y la novela francesa impuestas como canon, no sorprende que —en Estados Unidos o en Inglaterra— su huella aflore en el «inmenso bodegón de barriles de ostras, piernas de carnero, pasteles de caza, ponches calientes, tés con tostadas y pintas de cerveza» que nos ofrece Dickens. Edith Wharton, por su parte, nos hablará de la cocina como imperio del gusto: en *La casa de la alegría*, la protagonista hace economías sin olvidar que «cueste lo que cueste, uno debe tener un buen cocinero».

Los mitos y las modas de París se perpetuarían en una estirpe que empareja a Savarin, Grimod y Carême con Curnonsky, Montagné y Escoffier hasta arribar a la guía —años setenta del siglo xx— de los señores Gault y Millau, en tránsito de la cocina burguesa a la *nouvelle cuisine*. Y en un tiempo como el nuestro, en que la reflexión culinaria ha pasado de la literatura a la filoso-fía —pensemos en el ecologismo de Pollan, en la *slow food* de Petrini, en la *raison gourmande* de Onfray—, el hedonismo por el hedonismo aún se ha hecho presente en las páginas insuperables de Liebling, Waverley Root o, en nuestros días, el novelista James Salter. Como un eterno retorno, aquí también habría exceso: cierta cena despampanante de Craig Claiborne en el París de los setenta iba a merecer la condena del mismo Vaticano. Escritor o gastrónomo, gastrónomo o escritor, Claiborne compartía una cosa con todos los de su raza: el saber que la trufa es cara por ser buena y no buena por ser cara.

El placer pensativo

Tantas pasiones pasan y el puro permanece para suspender la ley del tiempo y acotar unos minutos de eternidad sobre la tierra. «Partagás y nada más.» Todo buen puro viene de la Arcadia y nos llevará a la Arcadia feliz, con el añadido de la cubanía como atractivo radical: esa historia pungente de nombres de un lado y otro lado del océano, manufacturas de ultramar, un cromo con idilio de palmeras y señoritas del siglo XIX que se asoman al balcón o calman su suspirar pulsando con romanticismo algún piano. Hace sesenta años que Dunhill *fils* escribió en su tratado que el de fumar ya era «un arte perdido». Reducidos al furtivismo, a los antiguos fumadores solo nos queda la memoria, y pasamos de la escala de Romeo y Julieta, «cursi de guirnaldas y de flores», a ese habano que nos hizo compañía en un paseo de la sensibilidad o a aquel otro que dio entidad a una sobremesa en Sant Celoni. Sí, el reló del puro es de los que solo marcan las horas agradables, las dichas que se elevan sobre el mundo.

Como otras excelencias, el puro es celoso y pide el primer plano aunque no le sobran el tintineo sugestivo de los hielos ni el fondo de las conversaciones memorables. Lo mejor —por supuesto— seguiría siendo fumarlos en una capitanía general, pero hay otros escenarios: los parques solemnes del otoño, las terrazas de hoteles que se resisten a ser contemporáneos, el paisaje de civilización de las bibliotecas con gato o ese momento después del desayuno en que la mañana se va abriendo como se abre una sonrisa y rumbo al mediodía hierve el mar. Luego hay un amplio vitolario para que elijamos según nuestro gusto o —maridaje fino— nuestra fisonomía. Lo que está claro es que las novelas de Thomas Mann vienen con ceniza de puro entre las páginas pero no hay un solo puro en las concentraciones de jugadores de rol o de maniacos del manga.

El fumador diario siempre sabrá corresponder a los celos de su puro: guarda su amor para los puros y afectos subsidiarios para casi todo lo demás, como un punto de egoísmo imprescindible. Nadie critique al fumador de puros, al señor indefenso y con corbata que no le dura ni un asalto a un gafapasta y que supo ser modelo de liberalidad y buenas maneras, de tolerancia y epicureísmo precisamente tolerable. Algo grave sucedió, alguna *finezza* habremos abandonado cuando hemos pasado de idear puritos para los entreactos del teatro a aceptar el café en vaso de plástico. Al fin y al cabo, el puro fue un placer que no hizo a nadie más necio o más brutal. Como quería el antropólogo habanero Fernando Ortiz, el tabaco no es sino «la búsqueda del arte».

Hermana de la memoria, la belleza no era la mayor razón pero era una de las razones para fumar puros: hoy miro mi álbum de etiquetas viejas y repaso sus nombres con la sensación de que el tiempo dio al papel el rango de perennidad que tiene el mármol: La Legitimidad, Flor del Senado, Don Pepín, El Crepúsculo, Flor fina, Monarcas Grandes, Commodore de Henry Clay. Hace años comencé yo también a pensar nombres de vitolas e imaginé ir al estanco a pedir —por ejemplo— un coronado o una genoveva. Cedo los nombres a la casa fundada por el apóstol Zino Davidoff.

Antiguo fumador, hoy exiliado del tabaco, no pienso posar de rebelde ni un minuto ante su adiós, pero agradeceré que —al menos— no me pidan sonreír ni abjurar. Si vamos a enterrar el tabaco, qué menos que alzarle un panteón. Si el puro va a desaparecer de la historia de la belleza, qué menos que recordar su moral y su literatura, su carácter de placer pensativo. Cada época necesita sus pecadores y supongo que los fumadores se irán reduciendo a esas minorías selectas o sectarias y esas sociedades secretas cuyos miembros saben reconocerse por un gesto. No diré nada, salvo que el tabaco era una de las formas de lo sublime y algo hemos perdido en el camino. La pena es que las mujeres ya se atrevían a fumar alguna panetela o compartir de modo inolvidable un buen robusto.

Coda habanera

«González Márquez nació en La Habana», se anunciaba una célebre marca cubana en tiempos de Felipe: hay tanta cita y tanta literatura sobre puros que el lector habrá de buscarla en otra parte. Dejo solo una —mi favorita— de un inglés: «Considero que los cigarrillos resultan algo escuálidos en un dormitorio». En mi opinión, así se habla.

Los hombres y el vino blanco

Es muy difícil sortear la tentación de atribuir un significado moral a la comida. Eso es algo que supieron los israelitas del Deuteronomio con sus prescripciones culinarias, y es algo que también sabemos nosotros cada vez que nos sentimos mejores ciudadanos por comprar melocotones con gusano en un mercadillo *bio*. En un restaurante japonés y en una marisquería, por ejemplo, podemos encontrar las mismas gambas. Sin embargo, uno sale de un restaurante japonés con la satisfacción de haber cumplido con todos los preceptos intangibles de nuestra época, que por algún motivo atribuyen al usuzukuri un prestigio espiritual que niegan a las mollejas. Por el contrario, si nos sorprenden centolla en mano en una marisquería, ya hemos de renunciar a toda aspiración de erigirnos en árbitros del gusto para posar en el mismo plano estético que Jesús Gil. Cada época, como dice Jünger, tiene sus locuras, y en los muy pacatos comienzos del siglo XX, los plátanos tenían que venderse ya cortados en el mundo anglosajón.

Entre la convención y la superstición, sobresalen esas razones misteriosas según las cuales parecería haber platos para chicas y platos para chicos. Por causas nunca explicitadas, compartir una «sorpresa de chocolate» contraviene de algún modo los cánones de la virilidad, en tanto que atracarse de patorrillo riojano vendría a constituir una exaltación del macho. Sí, los sesgos los carga el diablo, pero uno se hace cargo de ese raro sentimiento, entre la culpa y el *angst* reputacional, que puede acometer a un albañil a la hora de pedir un tartar de salmón. Nada, sin embargo, parece tan firmemente asentado como el prejuicio según el cual un hombre —«un hombre que se viste por los pies»— bebe cerveza. Cerveza y punto. Beber vino alimenta la suspicacia. Y si el vino es blanco ya implica, directamente, maledicencia y, en algunos casos, rechazo social.

En el imaginario colectivo, en efecto, un señor que bebe vino blanco tal vez se emociona con la ópera, entiende de antigüedades, lee a Marcel Proust, sabe qué son los rododendros y, por las noches, acaricia el lomo de un gato de angora. Se trata, por tanto, de un sujeto equívoco, al menos si es español, pues ya se sabe que los extranjeros son gente de natural excéntrico (aunque no por ello merezcan mayor indulgencia). El vino blanco se les permite a las chicas porque, según la tautología criptomachista, ya se sabe que son chicas. Ahora, si es un hombre quien lo pide, está afirmando de modo implícito el crimen más penado en materia de *mores*: la pretenciosidad. En concreto, una pretenciosidad doble: la de no ser como los demás —«¡otra cañita!»— y la de, *horresco referens*, entender de vino, ofensa que llama a la lapidación en la misma medida que entender de arte contemporáneo. En fin, el hombre que pide aunque sea un verdejo —quizá el más dispensable de los blancos—

se arriesga a parecer, a ojos de la parda mayoría, una de esas personas que saben pronunciar el francés y tienen un par de observaciones inteligentes que hacer sobre la Callas.

Sentadas estas bases, no creo que sea un esfuerzo extraordinario de libertad de espíritu alzarse sobre esta concepción manierista del blanco, aunque solo sea para que un mozo de cuerda pueda beberse una copa sin conflictos internos, o para que el experto en tapicerías pueda darse el placer de sentirse convencional por una vez. Esta es tarea, sin embargo, que exige blindarse contra la melancolía: no en vano, en la defensa del blanco hay problemas más graves que la puesta en duda de nuestra orientación sexual. Todos hemos oído la frase —suma de mentira y error— de que «el mejor blanco es un tinto». Entre los propios aficionados parece, por principio, que los tintos imperan mientras que los blancos decoran. E incluso las alabanzas que, in extremis, recibe el blanco resultan, como mínimo, oblicuas: que si es barato, por ejemplo, o que si congelado entra bien. Por supuesto, uno no está conforme con este estado de las cosas. Y creo que conviene alzar la voz con solemnidad orteguiana y decir «no es esto, no es esto». Conviene, en definitiva, hacer el elogio del blanco, aunque sea como quien habla de un viejo amigo con el que lo ha pasado muy bien.

Sí, hay tintos retozones, ideales para tomar —casi en cantimplora— junto al río; hay garnachas de fresa y cosecheros como una floración. Sin embargo, en términos generales, el vino blanco cansa menos porque —simplemente— tiene menos seriedad. El tinto puede ser grave y circunspecto como una lección de gramática. Un burdeos de buena añada es algo de una monumentalidad cierta y un poco impresionante. Nos hace pensar en salones cerrados, en gruesos cortinajes. Es de una sensualidad más severa y exigente. La sensualidad del blanco, en cambio, es algo ligero, ácido, etéreo, apenas adivinado, como una brisa de agrado que sopla por sorpresa, una grata descomplicación, una sutileza en la alegría, siempre con un punto huidizo, volandero, a veces más gamberro, otras veces más estético, poco obvio, difícil de capturar, con la curiosa claridad de los misterios. El blanco es lujoso por innecesario, algo así como el vino descapotable —y solo nos parece innecesario hasta que nos apresó del todo. El blanco viene sin pecado original. Y, salvo que uno se haya dedicado a la por otra parte estupenda opción de aturdirse a cócteles, el blanco es el primer vino que cae en el estómago y tiene un efecto anímico del todo benéfico. Ahí, el vino blanco se convierte en lo que llamamos un vino tonto. Un vino tontorrón. Todos sabemos de lo que estamos hablando y todos hemos sufrido su efecto en una boda.

Por supuesto, no existe tanto el vino blanco como los vinos blancos —todo un pantonario de matices. La sobriedad expresiva de un rueda es muy distinta del estro primaveral de la viognier. Nada tiene que ver la cremosa rotundidad de un meursault con la acidez casi metafísica de un riesling alsaciano o esa complejidad de algunos pagos del Loira como un atisbamiento de lo sublime. Después tenemos los vinos inocuos de uva airén, que mejoran con un par de hielos, y vinos como los chardonnays de la Borgoña, a la altura de los grandes

logros de lo humano, como —por no salir del hexágono— la catedral de Chartres o la mostaza de Dijon. De
igual modo, hay vinos blancos enemigos de las terrazas:
ante todo los más ancianos y reverentes, esos riojas y
buçacos y valentinis que solo nos hablan con susurros.
E incluso algunos, bien contrachapados de roble, nos
llegan a asustar por su empaque y su volumen.

Por lo común, sin embargo, si el vino tinto es la belleza, el vino blanco es la gracia. La belleza —según Pla—
conviene sobre todo a las estatuas. La gracia nos es más
fácil y más cautivadora, en vino y en lo demás. El blanco rara vez se alzará a lo que los italianos llaman un *vino
da meditazione*. Está más en el ámbito de la emoción,
de la jovialidad, del jugueteo. Es el vino del *flirt*, de las
muchachas que conocemos en verano. Al tomarlo, no
pensamos en cuartos opresivos, sino en un campo de golf
en Marbella, con el cielo azul brillante y el césped también verde brillante, y esa última hora de la mañana en
que uno sabe con toda la certeza que pronto habrá que
ir a comer y la tarde será un como dar un salto y el mar
se siente cerca y la vida se vuelve un lugar inmejorable
en «el detenido esplendor del mediodía». En fin, el blanco es la lírica del vino, mientras que el tinto es la novela
decimonónica, realista. Aire libre contra estancia cerra-
da, agosto contra octubre, fulgor contra ambigüedad,
verano maduro contra el tiempo lento del otoño. Claro
que quizá no hay que hacer de cada cosa una opción
trascendental: cuando busquemos trascendencia, bastará
con abrir un chablis como un tragaluz del paraíso.

Ser y tiempo: el cognac

Hay bebidas hechas para viajar, como el madeira, y hay bebidas, como el *pineau des Charentes*, inexplicables fuera de una atmósfera o un clima. Claro está que siempre hay singularidades, y una vez conocí a un hombre confortablemente rico que compraba por cajas las hierbas ibicencas. Por otra parte, cualquiera puede sorber un buen ron y desplazarse en el espíritu a un trópico glorioso de mulatas. La ligazón entre la bebida y su origen golpea en algún lugar entre la afectividad y la memoria, como supo la coplera al emocionarse al tomar vino español «en tierra extraña» o sabemos nosotros cuando queremos subrayar el pathos de la vida con una caipirinha. En paralelo, también hay secretas simpatías por las cuales se ha alabado la ingesta de jamón en las bodegas jerezanas o el buen tiro del habano en los puertos de mar. Así, se ha llegado a decir, por ejemplo, que de todas las ciudades de este mundo, donde mejor sabe el burdeos es en Copenhague: cuestión de humedad, de frío y cielo. Si esto parece un derrape poético, pensemos si, en pleno agosto sevillano, estamos para una Cruzcampo o un pauillac.

Esa sobriedad atlántica del burdeos también afecta al cognac, y quizá por eso hay casas que mantienen la costumbre inmemorial de mandar unas barricas a añejarse a Bristol* o a cualquier bodega o almacén de Inglaterra. En las islas, el cognac no solo cuenta con el entusiasmo del público local —¿hay algo que no se beban los británicos?—, sino que envejece de modo distinto: cobra otra melosidad, otro matiz. La alcoholera anglofrancesa Hine basó buena parte de su respetabilidad en estos envíos, y

---

* En los puertos siempre se ha bebido y Bristol, lejos de ser excepción, parece encarnar un canon. Allí se ha envejecido vino —jerez— desde tiempos de los Tudor. El diarista Samuel Pepys, siglo XVII, recuerda cómo le dieron «plenty of brave wine», «ante todo, Bristol Milk» o leche de Bristol, un tipo de jerez dulce allí mezclado cuyo nombre, según leemos en la *Historia de las cosas notables de Inglaterra* de Thomas Fuller, proviene de haber sido tal vino «el primer empapamiento dado a los niños en dicha ciudad». De hecho, era común *aplicarlo* con la primera dentición. Entre los adultos, la bebida alcanzó una popularidad excepcional, especialmente para entonarse por las mañanas. La Bristol Milk, en todo caso, iba a desaparecer ante un producto superior —la Bristol Cream. El importador Harvey dio a probar a una dama de la aristocracia de varias mezclas y el nombre surgió solo: «Si esa es la leche, entonces esta debe de ser la crema».

El Cream, más oscuro, llevaba más proporción de oloroso viejo. Y, al contrario que la genérica Milk, pudo ser —y sigue siendo— una marca comercial. Lo sigue siendo por los pelos: en plena posguerra, el Ministerio de Alimentación les sugirió cambiar el nombre para que nadie pensara que aquello tenía propiedades nutricionales. La empresa, en su respuesta, defendió el arraigo de su uso —trescientos años más que el propio ministerio— y comparó su caso con el de la crema para zapatos, crema de afeitar, etc. Como sea, pasado el medio siglo, Bristol Milk y Bristol Cream pasaron a mezclarse directamente en jerez y la propia Milk ya no se elabora. Queda por ahí alguna botella vieja en honor a aquellas «*damn' fine cows*», esas vacas cojonudas que, según veredicto de Eduardo VII, dandy y comilón, debía de tener la ciudad inglesa.

en otra práctica, muy rentable, cuya pervivencia en el tiempo no le ha hecho perder heterodoxia: vender cognac de añada, pequeña inteligencia comercial con la que honra la parte «anglo» de su origen. Por supuesto, la casa Hine encuentra una dignidad superior en el hecho de llevar añejando las holandas desde que en Francia reinaban los Borbones.

Es así que el cognac nos superará siempre: su escala va más allá del lapso temporal de una vida humana. Es fácil pensar que eso otorga cierto valor intrínseco de solemnidad al negocio: hay un virtuosismo de la previsión cada vez que el jefe de cava toma la decisión trascendente de apartar unas partidas para que duerman durante cien años, para que alguien —generosidad suprema— que no ha nacido se las tome en otro siglo. Tanta reverencia explica que —junto al embotellado regular— estos cognacs de envergadura se vendan en decantadores pretenciosos por preciosos, de un muy barroco impudor. Hablamos de jaulas del tiempo, porque la sorpresa del brandy —cognac, armagnac y lo que se intentó llamar jereñac, Dios del cielo— es cómo solo el tiempo logra domeñar el producto de unas uvas con las que o nadie hace vino o nadie hace vino bueno. En realidad, el tiempo resulta tan esencial a esta bebida que pagamos incluso por el cognac que ya no está: cada día, según los cálculos, se evapora de las barricas de Jarnac el equivalente a veinticinco mil botellas —lo que se suele llamar «la parte del ángel». Sí, estamos tomando algo que nos supera, uvas pisadas por mocitas de la Charenta que entonces se abrazaban entre risas y ahora duermen en la esperanza de la resurrección.

Es una melancolía que los bodegueros puedan dedicar

cien años a sus brandies y nosotros rara vez encontremos una hora para una copa de cognac. Nuestros placeres son ya muy distintos, más nerviosos. Cambiamos la elaboración de los burdeos para no tener que esperarlos tres décadas. Bebemos oportos con cuatro y no con cuarenta años de edad. El priorato más potente puede decaer en breve plazo y el cóctel es hijo —y padre— de nuestro afán de inmediatez. Adiós, ceremonias: hace apenas una semana, nos sirvieron una liebre *à la royale* con palomitas de maíz. Por tradición, el cognac ha podido ser de los malos —así, en las películas—, pero no de los gamberros.

En verdad, esta bebida siempre ha dado pie a militancias heterodoxas: hubo una destilería en Uruguay, sigue habiendo un visionario con alquitara en las sierras de Castellón. Como sea, estamos condenados al brandy joven, lo que —en la práctica— equivale a estar castigados sin brandy. Toda vez que los viejos y caros se piden poco por ser caros, en los restaurantes solo los hay jóvenes y baratos —y ahí, si es improbable que alguien lo pruebe, es mucho más improbable que repita. Así, nuestra relación con el buen brandy estará ya mediada por cierta artificiosidad: cuando ha pasado de ser lo que Johnson consideró la bebida de los héroes a ser la bebida de los raperos —*Pass the courvoisier!*—, es porque hay un público que, nostálgico de lo que nunca tuvo, está dispuesto a beber cualquier cosa si la cosa en cuestión resulta cara. En fin, por si alguien se siente tentado, el cognac también era la bebida de Napoleón, aunque, sin duda, alguna desgracia le ha sobrevenido al cognac para salir de las páginas de Zola y de Dickens, de Musil y de Roth y caer donde ha caído: en el reproductor mp4.

Sí, hay algo extraño en la historia del cognac: tuvo que hacerse un hueco a codazos entre los vinos generosos para, de inmediato, ser sustituido por licores de alta graduación. Y, sin embargo, no ha perdido un gramo de predicamento en la excelencia. No es difícil saber por qué. Este último viernes, en un bar de hotel, vimos a dos indios que llegaban entre risas, con gran confianza, a sentarse a una mesa. Uno de ellos, el más gordo, pidió cognac. Le trajeron una botella, pequeña, muy complicada, de Louis XIII. Pensé en la ostentación de un rico, aunque —sin duda— el hombre parecía familiarizado con el tema. Luego, él mismo vertió milimétricamente un poco de brandy en la copa. No hizo falta aspirar la primera vaharada: todo el bar se impregnó del aroma del cognac, y uno se fue llenando de vergüenza al ver, por comparación, la poquedad de la ginebra que bebía. Los franceses lo llaman «*la minute mystique*». Y ya todo se explica y se comprende.

Julio

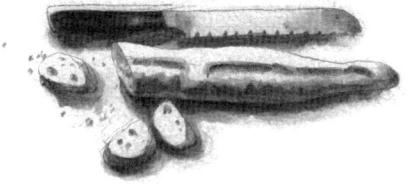

Meseras y mucamas

Las meseras y mucamas de Príncipe de Viana serán ya parte de la memoria de mi ciudad, como las meriendas tan copiosas allí en Helen's, la tarta Saint-Honoré de la confitería Filipinas o aquella mirada que, a partir del sexto whisky, lanzaban las avutardas disecadas de la coctelería Balmoral. La vigencia de Príncipe de Viana tenía el consuelo de un pecio de civilización en un momento en que los grandes conservatorios —de Club 31 a El Bodegón— se iban perdiendo en el cierre o el pastiche. Hasta Embassy, en síntoma terminal, finiquitó aquel banco corrido que vino a ser la tertulia más señora de Madrid. Si la ciudad vivida es un rastro de sensualidad en la memoria, no es poco lo que perdió Madrid con el cierre de Príncipe de Viana. Era propio de su discreción que otro cierre —el del Bulli— se lo comiera todo aquellos días.

Ahí anduvo durante cuarenta años Príncipe de Viana, en el cogollo burgués de Chamartín, como una emanación noble del Viejo Reyno, como un desmentido a ese Aymeric Picaud —peregrino medieval a Compostela— que dio en definir a los navarros como gentes «que comen y beben y visten puercamente». Era de la familia mesonera de los Oyarbide que fundaron Zalacaín y dieron honor y gloria a lo que hace tantos años se llamó cocina española. Ajoarriero, lengua estofada, canutillos: qué canutillos los de Príncipe de Viana, luego reencontrados en la floración tardía de La Chelo, como un homenaje de la piedad filial. Entre ficus, alfombras y esa luz dorada de botillería, Príncipe de Viana fue un establecimiento lo suficientemente reverente como para encontrarse a toda la hidalguía de la capital, pero distaba de ser un mero *power restaurant*: entre tantas decadencias, quizá no fuera el comedor más sexy de Madrid, pero hace años que era el que tenía la cocina más fina. Allí, un perrechico siempre fue fiel al perrechico y, bien sacramentadas, las alubias eran como Dios quiso que fueran las alubias. Quince días antes de su cierre, nadie hubiera sido capaz de gritar el «*madame se meurt*»: la casa mantenía ese olor tan propio, entre pulcro y suculento; un exministro celebraba su cumpleaños varias mesas más allá, y los platos de la minuta no bajaron en ningún momento de la emoción del *cum laude*. Algo entre el estómago y el alma se encoge hoy cuando pensamos que jamás volveremos a tomar platos como aquellos. ¿Qué restaurante de este mundo podía echar las horas que ellos echaban, puro músculo, a la salsa española? Ya Savarin dejó dicho que la invención de un nuevo plato aporta más felicidad a la humanidad que el descubrimiento de una estrella. En esa felicidad estuvo Príncipe de Viana cuatro décadas y las que todavía han de quedar en la memoria.

París a los veinte

Los veinte años son una edad impresionable en cualquier parte del mundo y mucho más impresionable en París. Morand tiene que pedir perdón por la vergüenza de escribir sobre Venecia: nos pasaría algo parecido, pero a los veinte años París aguanta todos los mitos. Quien lo probó, lo sabe: París aguanta incluso beber vino en el Champ de Mars por parecer románticos, el descenso a los infiernos de la subida a Montmartre o ir a cafés en los que poner cara de preocupación y pedir cualquier bebida —*grog*, *kir*— con tal de que sea rara. Siempre en lucha con el francés, en mi adolescencia frecuentábamos academias de verano donde había americanas que se avergonzaban de serlo, mexicanos en rivalidad de *latin lovers* y muchachas pobres, de Serbia o de Eslovaquia, que hacían el viaje de ida y vuelta en autobús. Durante esos veranos, mi manutención parisina se basó: a) en la célebre avaricia de las familias francesas; b) quiches que caían al estómago como una paletada de cemento, y c) un último día de capricho, de honor y gloria... que se resumía en una *choucroute* de barrio de estación. La pobreza es terrible. A veces, al cruzar cauteloso frente al hotel Crillon, veía el vuelo de las libreas, el paso de baile de los botones al abrir la puerta del taxi, e imaginaba por un día poner el pie en la calle y que la calle fuera la Place de la Concorde. Me parecía la felicidad plena. De esa época, al final, la única nostalgia es que pagábamos en francos.

El mes de junio-julio de mis veintiún años me iba a descubrir un París distinto: quizá ese París que todos tenemos reservado o que a todos se nos revela en alguna ocasión, y digo se nos revela porque nunca llegamos a tomar plena posesión de él —es un París mirado a través de una puerta entreabierta, como una ciudad que nos enseñara el escote. Tenía un amigo destinado allí —Carlos— y que ya se volvía para España. Me propuso un trato: «Si me ayudas con la mudanza, te pago el viaje». Acepté y, por una semana, mi amigo me instruyó en aquella Francia en la que el camembert olía «como los pies de Dios», los pescaderos desespinaban el pescado con pinzas de depilar y circulaba como una contraseña el nombre de los proveedores del Elíseo. Al cruzar la puerta de Hédiard —«¡docenas de variedades de moka harrar!»—, creí franquear el umbral del Paraíso.

Nos hizo bueno. Carlos vivía —Quai Voltaire con Rue du Bac— en el lugar justo: su balcón dominaba todo lo que cabe entre el Grand Palais y las torres de Nôtre Dame, la Concordia, las Tullerías, el Louvre y, allá al fondo, como la lamparilla de la adoración perpetua, la luz de la suite Belle Étoile en el Meurice. Fueron días dulces, magníficos para la educación sentimental de un pretencioso. Ideábamos cócteles —recuerdo un *violet amère*— cada tarde. Paseábamos por *marchés* biológicos donde vendían su mercancía queseros con mostacho.

Trasteábamos en La Grande Épicerie: inolvidable la indignación de aquella mujer, ya muy mayor, quejosa de que solo tuvieran una marca de confitura de tomate verde. Hubo una primera noche en L'ami Louis, como hubo una noche en la que dijimos: «La de esa mesa, ¿no es Susan Sontag?». Más de una vez brindamos desde los balcones, a esa hora en que se solapan el *champagne* rosado y el crepúsculo. Desde el río nos miraban, atónitos, los turistas del Bateau Mouche. Del otro lado de la Rue du Bac, la imagen de «Minerva protegiendo la arquitectura y la escultura» parecía bendecirnos en su frontón.

Puede parecer un esnobismo, pero solo es una ironía: en París fue donde, por primera vez, buceé a fondo en los vinos de España. Como en tantas casas francesas, en la de mi amigo había una buena cocina —y, dentro de ella, una buena cava. Carlos iba a llevarse los vinos a Madrid, pero aquellos riojas delicados, de trama tan delgada, ya habían hecho un viaje de ida —y el viaje de vuelta, en julio y en camión, nos aconsejaba disminuir el stock en lo posible. Vamos, que había que bebérselo. Eran Tondonias, Imperiales y Riscales de los setenta y los ochenta que tomábamos con algo sencillo —pasta, quesos— y que nos daban un aroma lento, de solemnidad sinfónica. El vino nos empezó a gustar sin ningún esfuerzo, sin mérito ninguno: fue una academia del placer, como llegar a destino por el arco del triunfo, y con la garantía de mandarnos a la cama rendidos y contentos, felices de París.

Pero no todo era ese placer: con el paso de la semana, cada descorche, cada momento de alegría, ya iba teniendo esa ceniza preventiva de cuanto va a acabarse; día tras día, progresivamente empaquetada, la casa del Quai Voltaire iba siendo cada vez menos casa, y conforme crecían las cajas de la mudanza en el salón, iban desapareciendo las butacas, las mesillas, los saleros. Todo se iba desnudando de alfombras, volviéndose provisional. Como si hubiesen olisqueado la partida, el piso se fue llenando de cucarachas: era muy desagradable, pero debo decir que de alguna manera parecía congruente. Nosotros nos íbamos, ellas se quedaban. Y hoy pienso en algo que entonces, joven y egoísta, no pensé: el adiós a París, el adiós de mi amigo, como un dolor supremo de la vida. Y, a la vez, el consuelo esencial que, en según qué momentos, pueden representar el pan y el vino y la compañía, el puro ser y estar de la amistad.

A mi vuelta a Madrid iba a posar de francófilo todavía un buen tiempo: en mi descargo diré que Gitanes —corto y negro, tabaco sartriano— resultaba una delicia, aunque en la propia Francia subrayaran que era de *ouvriers*. Todavía volví, una última vez, de estudiante, un verano que es mejor olvidar, con linos y camisas rosas, como un petimetre. Pero la comezón no se me quitaba. Por eso, en cuanto tuve novia, ahorré para llevármela allí y celebrar esa dulce cuesta arriba del amor. ¿Era una pedagogía, un rito iniciático? Fundamentalmente era un acto debido, y por cinco días Mónica y yo nos adentramos por París con el fervor de quien regresa a los Santos Lugares. Todo era lo de siempre y todo tenía un matiz nuevo: la primera cena en Lipp, el helado de media tarde —frambuesa y mirabeles— en Berthillon, la cata comparada en busca del mejor *macaron* de todos los *macarons* de porcelana de París. Hay que honrar la memoria de los lugares donde fuimos felices. Incluso reservé en el hotelito —Hôtel du Quai Voltaire— que me daba las mismas vistas que había gozado, años atrás, en casa de Carlos.

En aquel viaje crucé esa divisoria de la que ya no se vuelve en la vida: pasar de que te enseñen a enseñar. No sé qué es mejor: me da lo mismo. Pero recuerdo que París es lo suficientemente grande como para sentirlo nuestro. Y en mi memoria estamos nosotros solos en peregrinación, de la *Dama del unicornio* a las corbatas de Charvet o la hora más abandonada del Luxemburgo, cuando uno ya se queda en silencio junto al verdín de la fuente y alguna lectora de periódicos. En la panadería de Poilâne, Mónica me miró con pasmo: «¿Sabes que se mató en un helicóptero? Porque aquí en Francia los panaderos pueden tener un helicóptero». Por supuesto, nos desesperamos —hábito parisino— en busca de los taxis, porque se trataba de cumplir con la superstición de ir a Passy y a Auteil y al Bois, al París donde los franceses beben cerveza rubia en las terrazas y donde los bistrós pueden tener manteles de cuadros sin que parezca una burla. Como adiestramiento en el *cinturón de la mantequilla*, llevé a Mónica a La Fontaine de Mars cuando aún tenía mérito ir. Para evitar la especialidad francesa de la letrina, meábamos cada día, muy higiénicos, en las porcelanas del Ritz o del Georges V, y aprovechábamos para tomarnos un cóctel hasta que se nos acabara la hucha de las alegrías.

Al hablar de París, Liebling escribe que quienes no saben comer son los millonarios: por beberse el burdeos, dejarían ir el tavel. Para mí, sin embargo, la vida era mucho más sencilla cuando, de estudiante, podía llamar a casa y decir «Papá, no te puedes creer lo caro que es esto». Conforme quiere el tópico, Mónica y yo tuvimos nuestra ración de sentirnos pobres y felices con un colchón rico en materia biológica y los mosquitos que hacían su raid nocturno por el cuarto.

Pero hay una ilusión —esa felicidad plena— que solo da París, y hay que ser generosos para merecerla. Nuestra penúltima mañana desayunamos justo al lado del hotel, en La Frégate, y subí un momento, «voy al baño», a nuestro cuarto. Metí, rápido, la ropa en las maletas. Pagué. Llamé a un taxi. Es toda una responsabilidad ser el hombre que te enseña los secretos de París, y yo le quise reservar a Mónica la última sorpresa, la noche perfecta, la despedida más dulce. No sé si debería avergonzarme, pero supongo que fue un gesto romántico.

—¿Dónde vamos?

Al otro lado del río, le dije. Y ordené al taxista que nos llevara —10, Place de la Concorde— al hotel de Crillon.

Fina y sana, la toresana

Hubo en España gran tradición de hacer gaseosa. El país es caluroso y la industria resultaba muy barata. Gustaba a niños y a viejos y dulcificaba el vino, en ocasiones vinazo, cosechero. Y en décadas sin *spas*, sin piscinas *infinity* y con más moscas que aires acondicionados, su burbujeo debía de alcanzar la delicia y la sofisticación de un Blanc de blancs. Por supuesto, tratar de las gaseosas viejas es tratar de algo muy rancio, pero ya lamento comunicarles que aquí siempre nos ha caído más cerca Ciudad Real que Manhattan. Y el asunto de las bebidas frías —pensemos en tantas alusiones zarzueleras al agua de cebada— ha sido relevante para una tierra de sedientos con causa.

Como otras industrias —los tostadores de café, por ejemplo—, la del refresco ha sido siempre un fenómeno local, sin más aspiraciones que aliviar la sed de su municipio. Por eso no ha perdurado apenas ninguna: la Coca-Cola no ha sido muy misericordiosa a la hora de dejarles sitio, e imagino que en los anaqueles peor iluminados de los hipermercados ya apenas vive o malvive alguna caja de La Revoltosa o La Casera de la cosecha del 86.

Esta modesta industria del refresco, en todo caso, era el mejor pretexto para una mezcla muy particular de orgullo fabril, casticismo y vanguardia. Hace apenas unos meses, un corresponsal volante me envió una maravillosa imagen de FINA Y SANA - LA TORESANA, un endemismo zamorano. Y el otro día, en Navalmoral de La Mata, que no es Tribeca, vi una no menos fabulosa tipografía de la FCA. DE GASEOSAS LA EXQUISITA, que aún pugna por arañar cuota de mercado en la comarca cacereña del Campo Arañuelo. En pocos segundos —y en previsión de su próximo deceso— se me disparó el automático de la elegía.

En el fondo, con aquellos viejos cascos retornables se podía alzar una antropología. En muchos lugares donde apenas habría lo que hoy llamamos tejido fabril —Mora de Toledo, Paiporta, Bembibre— se hacía presente el ringorrango de una bebida que proclamaba un cierto orgullo de la raza: así, gaseosas como Bética, Xiquets de Valls (con su colla castellera), Montserrat o, en un *détour* por lo heroico, La Cervantina o El Cid. La nota local o regionalista bien podía sumarse al apetito de vanguardismo, como por ejemplo en la extraordinaria La Estrella del Bierzo. Y aún había otro orgullo, el familiar: no han faltado —en Albacete—, unas gaseosas García, como tampoco faltó una gaseosa Sánchez, mercadas ambas con unas pretensiones que para sí hubiesen querido las casas bancarias de doble apellido sitas en Londres.

Con frecuencia, lo que se resaltaba eran los primores de la calidad: pensemos en la Masquefina de Tarragona, en la «Gaseosa esmerada» del propio Sánchez, quien parece haber contratado la adjetivación a Virgilio. Incluso se quiso hacer pasar el refresco por cosa de botica y, por tanto, saludable, como la «deliciosa, digestiva» gaseosa Crisol. La exquisitez y no sé qué vocación selecta están presentes en bebidas como Flor del Sil, del mismo modo que la cascada jovial del agua carbonatada sirvió para la nomenclatura afectiva no ya de La Revoltosa sino de una etiqueta más oscura: La Caprichosa, en San Martín de Valdeiglesias, que a buen seguro acompañaba las garnachas del lugar.

A veces puede sentirse un punto de melancolía al observar el desfase entre el *naming* contemporáneo —Tapelia, Envialia— y aquellas rotundas BEBIDAS REFRESCANTES RODRÍGUEZ - CACABELOS-LEÓN O INDUSTRIAS CARBÓNICAS CLOTET-GRANOLLERS, ambas ya en el *maelstrom* del olvido mercantil. Como sea, quizá a uno las que más le gustan son aquellas que —como Konga o La Glacial— optaron por el exotismo, no poco profético en su caso, en ese trabajo de amor que es poner nombre a las cosas.

Todo esto, por supuesto, es tontería y afán de chamarilero, intrascendencia pura. Pero también forma parte de un pequeño cosero sentimental. Algo que nos habla de un país rural en su despertar desarrollista, y con ese encanto de inocencia con que solemos mirar los pecios del pasado, la chatarra entrañable que va dejando la vida. Al final, es una ironía que, tras tantas décadas de esfuerzo por quitarnos la caspa, de pronto entre en boga el tinto de verano —es decir, el vino con casera—, o que los viejos cascos de gaseosa decoren los establecimientos más radicales y modernos. De dónde, sino, iba a sacar uno la información para esta página.

Nuestra Barcelona

Las lunas y los cortinajes de Via Veneto son de esos que, inspirados en el art nouveau parisino, podrían estar lo mismo en un salón-comedor de Arenas de San Pedro que en el jacuzzi de un burdel en Donetsk. Si de algo vale, a mí me gustan, y al menos hay que reconocerles la capacidad de dar a la sala esa luz de acuario que tanto bien ha hecho a los restaurantes y tanto misterio les ha otorgado. He ahí que la propia sala de Via Veneto resulta meritoria, distribuida con gran sentido de la escena y capaz de subir o bajar la cotización mundana de aquel que entra por la puerta con un destino a su alcance: ser diana de las miradas o parecer, a ojos del resto, tan interesante como un aparador.

Algunos hemos ido siempre a Via Veneto de turistas y estas mundanidades no nos importan, pero —muerto Jockey— no conozco lugar al que sean más fieles unas elites: en un día allí he hablado con personajes barceloneses a cuyos equivalentes madrileños cuesta años acercarse. Y si uno es, cree ser o aspira a ser alguien en Barcelona, cruzar la *pelouse* del Via Veneto, esperar la asignación de mesa como una sentencia, debe de requerir de un aplomo superior. Modelo de restaurante bien llevado, su dueño, el señor Monje, se mueve por sus predios con los atributos de Dios Padre: está en todas partes, lo sabe todo y, si su misericordia es eterna, no lo es menos su justicia a la hora de poner a cada cual en su lugar. Quienes no tenemos ninguna vanidad que defender en la zona alta, podemos simplemente abandonarnos a esa particular hospitalidad catalana que es mezcla de sobriedad y obsequiosidad. Nótese de paso que, quizá herido por la leyenda dantiana de la *avara povertà dei catalani*, el catalán o, al menos, el barcelonés, paga siempre. Absolutamente siempre.* Por ambas cosas, por uno de los mejores servicios del país y por unos amigos de generosidad superior, uno solo puede pensar en Via Veneto con la lamentación de un judío en Babilonia: cuanto no es Via Veneto, es exilio, y las noches de domingo en Barcelona llevarán siempre la mancha de su cierre.

Por el servicio y por la amistad, hemos dicho, se echa de menos a esta casa: léase también por las espardeñas, por la trufa, por una liebre *à la royale* que en ningún sitio nos atrevemos a pedir porque en ningún sitio se atreven a preparar. Si es necesario, si vives lejos, si no puedes de la añoranza, en Via Veneto servirán siquiera sea una cucharada de guisantes, un solo canelón, lo que se quiera, con tal de calmar las nostalgias. También es celebrado el show que hacen al pelar la naranja con mucho barroquismo y arabesco: de Wagner a Gaudí, ya

---

* Esto se corresponde con la soltura del madrileño a la hora de dejarse invitar. En la capital es un arte valioso. Yo he conocido a un periodista que alardeaba de comer gratis todos los días del año.

se sabe que a la correcta burguesía *barcelonina* nada le gusta más que un poco de espectáculo. Como sea, la primera vez tomé la que fue también mi primera *escudella i carn d'olla*, que es como amanecer a la música en Salzburgo: todavía tenía edad para tomar esas cosas por la noche. Era incluso el tiempo en que se podía fumar puros, y se me quedó grabada la elegancia de paso de baile con que, en el tránsito del champaña al whisky, el camarero encargado de los puros encendió mi partagás. Fue un mano a mano con un amigo e —irrepetible— una de las cenas de la vida. Cuando me invitó otro amigo, diez, quince años después, la ley había cambiado y ya nos tuvimos que mover a otro cuarto para la sobremesa. Tras los whiskies, alguien pidió, para mi tranquilidad, el cajón de los habanos. Ahí estaba. Y ahí estaba también, tanto tiempo después, el mismo camarero inmutable, eterno, Hortensio Ramos, porque hay cosas que conocen la edad pero no el deterioro. Via Veneto: Barcelona tiene muchos restaurantes, pero solo *es* este.

More maiorum

A Montaigne la gula no le permitía ni hablar en la mesa, y el doctor Johnson comía tan en trance que le entraban sudores y se le marcaban las venas de la frente. Y luego aquí andamos nosotros, preocupados por si pedir o no un poco de queso.

Agosto

«La prepotente paella»

Uno puede mostrarse partidario de la extinción de los delfines, de la condenación eterna de los pelirrojos e incluso del reparto de tabaco en guarderías: ninguna barbaridad llegará a despertar furores semejantes a los que se levantan cuando alguien se atreve a contradecir a un purista de la paella. Es una raza empedernida, con algo de casta sacerdotal celosa de no sé qué revelación inmemorial. Ocurre, por tanto, que uno cae con ligereza sobre materia de arroces en la conversación y —de pronto— recibe miradas no mucho más tolerantes con la contradicción que, pongamos, un cátaro con la blasfemia. Será que, siempre dispuestos a recalcitrarnos, en España reservamos las armas más hirientes para las batallas más banales.

Que la prepotente paella —así la llamaba Azorín— sea algo eminente y respetable no implica que su ortodoxia tenga mucho de fantasmagoría y mixtificación. Sin embargo, incluso los estudiosos más informados se han dejado caer por las pendientes de la intolerancia, y así, el Post-Thebussem excomulga a todo aquel que descrea de «la verdadera paella, la auténtica, genuina y tradicional», a saber, la que «no tiene más que anguilas, caracoles y judías verdes». Por desgracia, incluso los Estados Unidos de América cuentan con un documento fundacional, pero la paella valenciana no lo tiene. Y, reconducidos a la modestia, dos sabios como Luján y Perucho admiten la imposibilidad de academicismo en este punto: «no sabríamos qué ingredientes aconsejar» para elaborarla, confiesan, al tiempo que fían su «enorme complicación de elementos» a una «vitalidad barroca de Valencia» capaz, al parecer, de homologarlo todo. Borges alaba la paella «cuando está bien hecha», simpleza que se convierte en finura al terminar la frase: «es decir, cuando cada grano de arroz conserva su individualidad». Es el arroz *solt i separat* que vieron los viajeros de otro tiempo.

Lo que importa de la paella, sin embargo, es menos su origen que su lección, y —al pensar en ella—, uno no puede sino pensar en aquel verso de Hopkins que pide dar gloria a Dios por las cosas abigarradas. Porque estamos menos ante un plato que —a decir de Victor Hugo— ante una anarquía. Porque la paella no debería funcionar, y sin embargo funciona. Y esa es una rara moralidad que vemos aquí y allá: la vida parece recompensar un cierto principio de irresponsabilidad, audacia o desvergüenza, como prueban la fumadora que muere a los cien años y el *runner* esforzado que, en premio a su superioridad moral, recibe una fractura o un esguince. Es esa ironía según la cual Suárez, que no pasaba las noches leyendo precisamente a Tito Livio, fue mucho mejor gobernante de lo que nunca hubiera podido soñar un Maquiavelo. La paella puede parecer «una herejía gastronómica», pero constituye pese a todo un logro de lo humano. Véase como la demostración de ese bromazo de la Providencia por el cual un gordito puede llegar a Maradona, el tonto de la clase funda Apple y la piedra que desecharon los arquitectos es la piedra angular.

Un oporto en la gasolinera

Yo ahora escribo este librito, pero el libro que de verdad me gustaría escribir algún día es una antropología de las estaciones de servicio. Ya barajo títulos y todo: «¿Paramos en esta? Estudios sobre la gasolinera hispánica», o bien «Territorio Camela. Hacia una sociología del repostaje». Por desgracia, me temo que nunca lo escribiré: el tema es demasiado amplio y ambicioso. A mí me da pena, porque se supone que uno debiera escribir de aquello que le gusta.

Y pocas cosas pueden gustar más que una gasolinera. Recuérdelo bien. Paladéelo. Nada más salir del coche, la nevera para la venta de hielo, siempre ornamentada con dibujos de copos de nieve o de osos polares bondadosos. Esas tiendas con sus chorizos de ciervo y sus cajas de mantecadas («Nra. Sra. de la Soledad») y sus botes de castañas en almíbar. En verano, si el establecimiento tiene algún empaque, habrá un puesto de melones y sandías, y podemos incluso trazar un paralelo imaginario entre, pongamos, Daroca y Toro, por debajo del cual tampoco ha de faltar la cacharrería de barro. Ahí, el mismo pueblo capaz de hornear unas cazuelas insuperables ha plasmado su voluntad de estilo entre azulejos imaginativos —«Hoy no se fía, mañana tampoco»— y botijos con falo y tricornio. De guiarse por los expositores de navajas de Albacete, cualquier turista confirmará que nada es más común entre nosotros que manejarnos por el mundo con la faca en el bolsillo.

Pero entremos más adentro en la espesura. Dejemos atrás la cámara de maravillas del costumbrismo, el gabinete de curiosidades del producto regional; digamos adiós a la portada de esa revista porno donde nos mira, triste, una muchacha que fue joven en el año 89. Pasemos de la tienda al bar de carretera, al gran nivelador social de la vida hispánica. Porque, cada vez que entramos en un bar de carretera, estamos entrando en algo más grande que nosotros, un lugar donde de pronto todos nos convertimos en personaje, figurantes en una venta cervantina a la espera de que un nuevo Quijote irrumpa por la puerta.

Estos bares tienen una ecología propia. La higiene y el progreso se han hecho sentir también aquí, de modo que ir al baño —por ejemplo— ya no representa una incursión en los estratos más siniestros de lo humano. Aun así, todavía es común esa pastilla de indeciso color verde en la porcelana del urinario, como —camino a la barra— sigue siendo costumbre pisar sobre un compost de servilletas, palillos y peladuras de gamba. Los bares de carretera tienen algo de conservatorio del pasado, de tal modo que los rastreadores de lo viejo señalamos con asterisco esos lugares que aún lucen fotos de platos combinados (Frankfurt + francesa + ensalada) en color azul mohoso. Memoria de la raza, los expositores con éxitos de Chiquetete han desaparecido al mismo ritmo, ay, que las raciones de oreja y los fumadores de Ducados, y ahora las gasolineras y sus bares empiezan a parecernos ya centros de ocio, donde los empleados están admirablemente adiestrados para preguntarnos si nos apetece algo, lotería, aceite de la cooperativa, unas naranjas. Y hacen bien en preguntar porque nos lo llevaríamos todo, todo, dispuestos a apoyar a ese señor que hace mermeladas en Soria o caramelos de malvavisco —ejemplo real— en Almendralejo, Badajoz. Luego es triste confesarlo, pero cuando queremos llevárnoslo todo, casi siempre terminamos por no llevarnos nada. Y a la vez, solo yo sé lo que daría por uno de esos ambientadores con forma de abeto de los coches baratos de mi infancia.

A las gasolineras les podríamos dedicar un curso de doctorado, pero por lo general, antes que tomar su café, uno preferiría amorrarse al bote de anticongelante. Quizá la última vez que se comió bien en una gasolinera se debió a un acto de fe: decenas de crédulos se agolparon en un bar francés *de mauvaise morte* porque la guía Michelin le había concedido un pedrusco. Todo fue un malentendido: la estrella era para un restaurante, parisino y fino, del mismo nombre, Le Bouche à Oreille.

Si las estaciones de servicio son un enclave conservador, una de sus costumbres más queridas es, precisamente, que su cocina sea vitanda. Cosas del aceite incierto y de un descongelado tan apresurado como los camareros. Para colegir la calidad, hay vías auxiliares de conocimiento —número de camioneros estacionados, porte y pretensiones del local— y la certificación total: el olfato, el tacto y la vista. Por principio, un establecimiento que sirve comidas —un restaurante, una cafetería, un bar— debe emanar, a la hora de comer, un buen olor. Esto no es exactamente olor a comida, la trascendencia pringosa de las sardinas asadas —es más bien como un rumor de cocina, un fondo de ollas que cuecen cosas ricas, capaz de dar a la sala una neutralidad apetecible. Y, al mismo tiempo, hay una limpieza compatible con el ajetreo: una limpieza que se puede tocar, una limpieza que es un orden y que demuestra que siempre cuesta más ensuciar lo que está más limpio.

Con estas pruebas periciales y una mirada al realismo y la honestidad de la carta, hemos conseguido comer unas gachas dignas de mención Mancha abajo, y también hemos detectado sitios de sierra donde podemos restaurarnos sin temor a que el aceite sea aceite mineral. Hablamos de la A4, de la A6 y de la A1, pero la suma, la cifra, el epítome, el alfa y el omega de las gasolineras de España está en la A5, provincia de Toledo ya, y rumbo a la humillada Extremadura. Es una estación de servicio tan extraordinaria que ni siquiera necesita whiskería adyacente.

Al igual que las catedrales de más mérito, esta gasolinera no se hizo de una vez. Mediaron muchos años y esfuerzos. Todo empezó —recuerdo— con unas cuantas botellas de Valbuena, o quizá de Único, en una vitrina de estas en las que pone AZKOYEN. Me sorprendió verlas, dado lo espeso del lugar, pero no debería: son vinos frecuentes, y cualquier cardiólogo acumula cada Navidad cajas de Vega Sicilia en agradecimiento por haber evitado la muerte a sus pacientes.

Al poco, sin embargo, ya se apreciaba que aquello iba a más. Apareció algún gran burdeos. Un champán de mucha marca. Las latas con pretensiones empezaban a hacerse habituales: buena anchoa, galones de bonito, quesos manchegos importantes, etc. De un mes a otro, al ir y venir, veía que el horno se embaulaba unos corderos irreprochables, y creo no haber soñado que también vi, en una cámara, una cazuela de angulas lista para el fuego y el festín. El botellero fue creciendo: de la vitrina pasó a una cava de madera, y de la cava de madera a una hornacina donde lucían, rotundos, los botellones de Yquem, añadas viejas de jerez, esos Margaux y Pauillac y Graves que siguen siendo buenos pese a estar al alcance de cualquier millonario. Ahí —parecía claro— había amor, había cuidado. Y había, quién sabe si esperándonos, un gran vino.

Una tarde vi, roja y negra, insinuante, la tipografía de Noval. En letra grande indicaba la cosecha: 1980. Para la letra pequeña me tuve que esforzar un poco. Al leerla, estuve a punto de cuadrarme: era un Nacional. Y de mi año.

Precioso y raro como las lágrimas de Cleopatra o el primer vaso de agua hallado en Marte, el Vintage Nacional de Quinta do Noval es —simplemente— un grial vital, una de esas cosas que sacian sin saciar, una ebriedad santa con la que la vida se contempla y se resuelve en la alegría. Y es verdad que no lo vamos a tomar nunca o casi nunca, pero no hay en eso ni elegía ni avaricia: nos basta con que exista o, como diría Rilke a su amada, nos basta con haber nacido para perderlo un poco menos. Sí, siempre se puede decir que hay algún oporto más caro, que no sé qué bodega ha sacado, con sus reservas más viejas, diez decantadores de oro y marfil, o que el marqués de Pombal en persona se tomó la molestia de resucitar para abrirnos, de un golpe de espada, una botella del siglo XVIII... Pero no. Hay oportos vintage que son la música de las esferas: el Nacional es su baile. Como ocurre en Le Montrachet con sus tributarios —Chevalier, Bâtard, etc.— resulta, de modo sistemático, distinto y superior. Pensemos en un ser humano capaz de mezclar las cualidades positivas de Aristóteles y Rodolfo Valentino, de Jane Austen y Grace Kelly, de Nelson y Marie Curie: con esa prestancia puede moverse el Nacional entre los suyos. Y con una cortesía: los banqueros de la City pueden conocerlo, pero es demasiado complicado para unos magnates del golfo que prefieren los oros del Yquem.

El Nacional, por tanto, es un vino no solo difícil de pagar —pese a lo recién apuntado—, sino también difícil de encontrar. Los bodegueros se saben custodios de su reputación y son escasas las cosechas que se declaran como vintage. Y estos años en que se elabora, se elabora muy poca cantidad: apenas doscientas cajas, y cuando una añada genera mucha ansiedad, deja de venderse en cajas y se vende por botellas. La producción, por tanto, es ridícula, no ya por la pequeñez del pago, sino —ante todo— por su bajo rendimiento: aquí no se hace alcohol, aquí se hace teología. De hecho, las viñas llaman la atención por su decaimiento: pocos racimos y poco vigorosos. ¿Por qué? Libres por milagro de la filoxera, las cepas no están injertadas en vid americana, sino que enraízan directamente, de ahí su nombre, «en el suelo de la nación». De ahí, también, su mineralidad tan intensa. Una complejidad en la que ninguno le aventaja. Un carácter juvenil por el cual todavía nadie ha podido tomar un Nacional viejo, y mucho menos apagado. La lección del Nacional, en todo caso, es que el vino es y se hace en el viñedo. Por eso va a la suya: años buenos para otros pueden ser peores para él, y años anodinos para los demás pueden ser una vendimia extraordinaria en este pago.

Es lo que ocurrió con el primer Nacional en 1931. En realidad, no fue mal año en el Douro: simplemente daba miedo declararlo. Daba miedo con las reservas a tope de vintage del 27 y una crisis financiera que, en buena lógica, había reorientado las preocupaciones del vino fortificado a la mera subsistencia. En todo Oporto, solo dos bodegas iban a firmar el vintage. En Noval se sabía: su vino era espléndido. Y aun así, iba a costar. La firma estaba cambiando de manos entre un tío y un sobrino. El importador británico presionaba: aquello era un vintage de los grandes. Y el nuevo dueño finalmente se arriesgó. Tenía el profético nombre de Luís Vasconcelos Porto y, bajo su gobierno, comenzaban unas décadas de gloria insuperable para Quinta do Noval.

De ese Nacional del 31 se iban a elaborar dos mil quinientas botellas; las que quedan hoy sobre la faz de la tierra seguramente puedan ya contarse con los dedos de las manos. Alguna vez, rara vez, ha aparecido una botella en una subasta. El actual director de la bodega, tras un cuarto de siglo en el cargo, no ha probado aún su 31. Está considerado uno de los vinos —¿hace falta decirlo?— más sublimes de la historia: él ni siquiera ha visto una botella.

Para comprar algunas botellas solo hace falta tener dinero: para comprar otras, además, hay que tener algún criterio. El problema es cuando uno tiene más criterio que dinero, y ese era mi dilema de entonces. Pasé una, pasé dos, varias veces pasé por la gasolinera para contemplar la botella, mirarla un rato, dudar, y finalmente irme. Y, mientras uno pasaba por delante, pasaban los meses —y la incertidumbre— por el vino y por mí. Mi ángel bueno y mi ángel malo no es que conversaran sin parar, es que no sabía distinguir cuál era cuál:

—Vamos a ver. Es un Nacional. *Tienes* que probarlo. ¿Cuántas veces te lo vas a encontrar a este precio?

—Ya, ya lo sé. Pero no puedo comprármelo *todo*. Es mucho dinero. ¿Quién en su sano juicio se gasta esa pasta en una botella de vino?

—Si no te lo compras, va a venir alguien. Y sabes que te vas a arrepentir.

—No puedo comprarme todo vino carísimo con la excusa de que está barato.

—Pero, ¿qué tipo de aficionado al vino eres tú? ¿Tú te crees que luego vas a poder ir pontificando por ahí sobre oportos si no pruebas *este*? ¡Que estamos hablando de oportos…!

—Pero si es que no es eso…

—Además, es de tu año. No negarás que es bien bonito. Puedes guardarla para cuando cumplas los veinticinco…

La compré al final de un verano. Ya solo al acercarme a la gasolinera, en el coche, me iba poniendo nervioso. Todavía dudé: me desvié y me volví a meter en la autopista un par de veces. Pensé, irónicamente, que quizá la botella ya no estuviera. Pero el drama era solo interior:

ahí estaba el bar, a una hora tranquila, después del servicio del mediodía, con camareros en camisa de manga corta y las luces de alguna tragaperras. Todavía llamé a algún amigo para cerciorarme: «Oye, la compro». El personal me trató con ese exceso de amabilidad de quien desea que no vuelvas en ti, que no te arrepientas; por mi parte, para amortiguar la culpa, intentaba no pensar en el momento en que el dueño cotejara sus precios con los precios de internet. Pagué, cogí la botella y la llevé a casa casi sin respirar, como si llevara a un lactante entre los brazos.

Vinos así lo son todo o casi todo —pero, al mismo tiempo, vinos así tardan en darse. Hoy queremos un café y apretamos el botón de la Nespresso, pero el vino todavía nos enseña que —para las mejores cosas de la vida— a veces hay que esperar. No entiende de ansiedades, no depende de nuestra voluntad: ni todos los petrorrublos lograrían que un gran burdeos esté para beber con solo dos años; ni todo el oro de los chinos es capaz de evitarle a un viejo madeira horas de aireación hasta que por fin empieza a desperezarse. Y con nuestro Nacional pasó lo mismo. Un oporto tiene mucho poso —hay que tumbarlo. Un oporto no es un tinto de verano —motivo de más para tumbarlo.

Lo tomé, al final, cerca de Navidad, ya con los fríos. Degollado y decantado. Invité a un buen amigo y le conté esta misma historia de la gasolinera. «Siempre hay que saber dónde se para», me dijo. Mecíamos nuestras copas y no pude más que darle la razón.

La mesa del rey y el táper de la mesocracia

Hoy parece una pasta para sándwich algo mazacótica, pero es mérito del pollo a la Coronación haber pasado de las mesas de la realeza al táper de la mesocracia. Fue por la coronación —precisamente— de Isabel II. De que la idea tuvo éxito da constancia que, sesenta años después, volviese a inventarse un pollo, esta vez al Jubileo. A los Windsor deben de gustarles —pienso en los huevos Drumkilbo— esos engrudos que juntan lo viscoso y lo sabroso. En eso se parecen a los López o a los Pérez, porque tanto el *Coronation chicken* como los huevos Drumkilbo producen una satisfacción quizá poco sofisticada, pero bien gustosa y evidente, como el primer mordisco al bocadillo de chorizo a media mañana o unos espaguetis pringosos para el resopón. Sería injusto, en todo caso, no reconocer también un propósito altisonante en la cocina de la realeza: con consomé a la Windsor, salmón reina María, chuletillas príncipe Alberto, capones a la Strathmore y fresas duquesa Elizabeth, el menú de la boda de Jorge VI parecía más bien un árbol genealógico, cuando no una invitación a la antropofagia más selecta.

Mi favorito, en todo caso, es el bizcocho Battenberg, que aún se puede encontrar y que sería una pieza ligerísima, aérea casi, de no estar cubierta de mazapán. Es muy bueno solo y, si uno quiere guarrear, está de lo más rico con el té, con la leche o con un poco de mermelada de naranja o de violetas por encima.* En todo caso, parece que la voluntad de finura se ha ido desgastando. Para la boda de Isabel II, solo hubo un lenguado Mountbatten. Para la de Carlos y Diana, nada. Y para la de Harry y Meghan, la responsabilidad ya recayó sobre una cadena de supermercados, que puso a la venta —por ejemplo— maridajes tan idóneos como tartaletas de mermelada de naranja inglesa con mantequilla americana de maní. La línea llevaba por nombre «pareja perfecta».

---

* Llama la atención que, al contrario que toda la dinastía, el bizcocho Battenberg no se reconvirtiera en Mountbatten en el momento antialemán de la Guerra del Catorce.

Café tertulia

Fue en algún lugar entre Arabia y Abisinia que unos monjes pastores vieron bajar a las cabras del monte con rara agitación en los balidos. Se daba por la zona una planta arbustiva llamada cahúa o —más modernamente— café. Con espíritu científico, la autoridad del monasterio empezó a suministrar una cocción de aquellas bayas a los monjes para evitar cabezadas en la oración. Así lo dice la leyenda y estas cosas hay que creérselas a pies juntillas.

Desde entonces, el kavé o café, «*une liqueur arabesque, / ou bien si vous voulez turquesque*» figuró como leyenda en los relatos de viajeros que, del siglo XVII en adelante, dieron noticia de la costumbre mahometana de beber cierto preparado amargo y negro. Ya en Marsella, hay testimonios de un monsieur de La Rocque, tocado de esnobismo orientalizante, que se había hecho traer mesitas bajas, narguilés y un café que bebía sentado a la turca. El café tuvo en su contra el color negro —color infernal— y solo lo asentó como moda un otomano de opereta, bigotudo y gigante, que hacia 1670 oficiaba de embajador de la Sublime Puerta ante el rey de Francia, a la sazón el glorioso Luis XIV. Pueblo sufrido y emprendedor, los armenios abrieron los primeros cafés de París, pero la historia dice que los armenios se arruinaron y que hubo que esperar hasta otro año, el de 1683, y otra corte, la de Viena, para que «el trigo turco» comenzara su auge al tiempo que despegaba otra lujosa importación: la del tabaco. Pura providencia. De vuelta a París, Francesco Procopio, siciliano, tendría más suerte que los pioneros armenios aunque, al cabo de los siglos, el local que fundó, Le Procope, ya no alimente a revolucionarios como Danton y Marat sino a turistas del Medio Oeste americano. Todo cambia.

Sí, todo cambia, y el principal cambio del café fue la invención italiana —en aquella rara juntura espiritual que llevó del futurismo al fascismo— de las cafeteras para espresso, hoy reputado como el café *gourmet* universal y vendido en cápsulas. Adiós al olor del molinillo en las casas. El café espresso consiste, en esencia, en pasar agua muy caliente a través del grano molido, de tal modo que no hay infusionado sino extracción. Estas cápsulas, no puede negarse, han conllevado una mejora general de la ingesta: hasta hace pocos años, lo habitual era solazarse con esos torrefactados del Vietnam que, a lo largo de nuestra historia, han causado tantas hernias de hiato y malhumor matinal, con una bandolería añadida: el torrefacto es el truqui por el cual nos cuelan azúcar quemado a precio de café.

Reconocidos estos progresos, que tanto han contribuido a la materialidad feliz de nuestras sociedades, uno debe aun así confesarse escéptico del espresso en general y —muy especialmente— de las *jodías* cápsulas. Es un atavismo, sin duda: más allá de desconfiar de las legítimas intenciones de una multinacional suiza, más allá de imaginar las cápsulas de ristretto estercando el fondo del mar durante millones de años, uno recuerda el refrán castellano que hablaba de salchichería — «carne en calceta, para quien la meta»— pero que podríamos tomar como brutal alegoría para el caso. Lo peor de las cápsulas, sin embargo, no es que exijan un acto de fe insuperable, sino que —fundamentalmente— han caído en vicios contemporáneos bien poco hedónicos. Que todo esté al alcance de la mano, al apretar un botón. Que todo sea intenso y breve y fuerte como la extracción radical del espresso frente a los matices de lentitud del viejo café al modo tropical. Que pongamos en olvido las cosas que —como el café de antes— sabían hacerse esperar: frente a la tertulia en torno a la cafetera, el consumo ansioso y solitario del oficinista que necesita más cafeína para ser más productivo.

Por suerte, tenemos ahí a la mano las cafeteras con émbolo, que propician un infusionado más lento y más pacífico, menos agresivo, y que devuelven al café a su origen y a su disfrute en los tiempos coloniales; es decir, un líquido de contextura mucho más acuosa, acidez nobilísima y una apariencia visual que excluye el brillo del torrefactado y, del castaño al caoba, da otros matices. Si lo está barruntando, tiene razón: es una infusión contigua al té. En ese estado de idealidad, el café ya casi pide un habano y un sombrero panamá: es un líquido menos violento, que vuelve a ser la infusión «que faltó a Virgilio y adoró Voltaire». Exactamente, el café que añoramos en tiempos de las cápsulas.

La restauración romántica

No sé si queda o no queda alguno de esos restaurantes admirables donde las cartas de los acompañantes venían sin precio, pero en el género del romance la hostelería aún tiene buena parte del papel, al menos entre el tipo de personas a las que nunca nos ha atraído el senderismo. Por escépticos que seamos en materia de afrodisiacos o embelesamientos gastronómicos, compartir mantel solo cede en dulzura a compartir somier, con perdón por la crudeza, y lo habitual es que lo uno abra el camino para lo otro. Mi escepticismo, en todo caso, viene menos de la misantropía que de la observación: tengo visto que el verdadero amor —¡el amor del bueno!— surge más veces de un café improvisado, de un menú en la facultad, de dos cañas tontas de domingo o un helado por el parque. Dicho de otro modo, lo mejor es dejar el champán para el final y no para el principio, salvo que uno quiera parecer Dodi Fayed. Quién lo diría: al amor ya hecho, el champán le aporta una elegancia risueña y sin esfuerzo; una felicidad ligera, que pone la vida intrascendente; el amor que nace, en cambio, no desdeña las tabernas más grasosas. Recordemos al clásico: «La bella Inés, el jamón / y berenjenas con queso». El poeta no habló de bogavantes.

Es posible que el romanticismo pase y la cocina permanezca, que la cocina no canse y que, sin embargo, como dijo no sé quién en un golpe de cinismo, canse tanto ser amado. Por suerte, no hemos venido al mundo a ser cínicos, y el imperativo biológico de la reproducción se ha visto graciosamente complicado por formulaciones variables que —en otras épocas— pasaban primero por bailar en torno al fuego, después por escribir largas romanzas y hoy pasan por buscar el sitio afortunado para cenar. En los restaurantes, la barbarie natural de la masticación y la deglución se ve amablemente sublimada por los usos de la buena cocina, las mínimas liturgias del servicio y esas luces indirectas que son de lo mejor que nos dejó el siglo XX. Cuando un hombre y una mujer entran en un restaurante, nadie parte del pensamiento de que son primos hermanos: hay un pocillo de interés mutuo, de estimación golosa; el trémolo es visible y expansivo, de tal modo que el resto de la sala sabe que han entrado dos enamorados pegajosos —o al menos potenciales— a cenar. En términos de acercamiento, los restaurantes, en efecto, siguen siendo útiles para analizar si ese chico de apariencia correcta luego peina muñecas por las noches o si esa chica tan fina es dada a pedir un palillo tras el postre. Por lo general, si el azar corre a favor del amor, pueden surgir ahí momentos de emoción sin nombre y la melosidad intensa del paseo de después, donde los tránsitos pacíficos de la digestión ayudan a la simple felicidad de ser y estar, y las conversaciones y los corazones se reblandecen gratamente y, con un poco de suerte... Con un poco de suerte, ya se sabe. Es la alegría del *flirt*.

Resulta llamativo que, a los efectos del amor, pueda valer más un gramo de intendencia que toda la ñoñería de este mundo. El gremio de la hostelería tiene sus veleidades y es común que los dueños de los restaurantes se avinagren un tanto al recibir a parejas que van a tener más interés en mirarse a los ojos que en mirar al plato y van a hacer, en consecuencia, poco gasto. Además, todo puede conspirar contra el amor reciente: una mancha de salmorejo, un ajo entre las aceitunas, un taxi que no llega o una mesa de veinticinco justo al lado; si el amor es un milagro, es por lo fácil que resulta no amarse.

La experiencia, en todo caso, impone qué hacer y qué no hacer en lo que respecta a la restauración romántica. Para cortejar el éxito, lo mejor es un aperitivo lo suficientemente alcohólico como para abrir los caparazones y que la perspectiva de la cena sea la perspectiva de un trampolín de gozo ilimitado. De hecho, alargar el aperitivo hasta convertirlo en comida o cena es una práctica que Casanova no dejaría de recomendar. Luego, puestos a ir a un restaurante, lo mejor serán los sitios intermedios: no muy barato pero nunca caro, no muy moderno pero más bien moderno, íntimo pero no asquerosamente íntimo. Es el momento, quizá, de nuestras odiadas mesas altas, más informales —menos intimidatorias— que el mantel. Por otra parte, descubrir al otro un lugar nuevo halaga la frivolidad que fingimos no tener —y qué es el amor, sino descubrir juntos nuevos restaurantes. Si a media comida estáis compartiendo plato, súmate diez puntos —y luego olvídate y céntrate en lo que tienes delante.

En lo que respecta a lo que no debe hacerse, por principio habrían de evitarse de modo imperativo los lugares con elfos y velas, los grandes arrumbaderos de parejas a buen precio. En la medida en que sea posible, conviene elegir una cocina inofensiva y no una propuesta radical: pensemos, por ejemplo, que toda historia de amor tiene por detrás su pequeña historia de restaurantes italianos, de pizzas para dos, de cata compartida de tiramisú. El picante no suele gustar —aunque algún cochino afirma que «se disfruta dos veces»—, y nuestra gastronomía autóctona, con sus guisos de legumbres, aporta flatulencias que resultan incompatibles con la correcta carburación emocional: en caso de un antojo de cocido es mejor esperar a un estado de confianza más avanzado. En cuanto al vino, que no sea caro, que no sea blanco —ni rosado, cielos— y que no sea champán, como hemos dicho. ¿Copas? Sin límite. Más aún si el restaurante es de los que incorporan coctelería, sillones, jazz bobón y una penumbra de esas que ya invitan a todo.

Una primera cita o es exitosa o es gastronómica: por una vez, debemos quitar la primacía a las croquetas. Lo óptimo es tener restaurantes de confianza donde el dueño o el *maître* nos conozcan y pasen por alto eso que diría Darío: «Plural ha sido la celeste historia de mi corazón». Cuando me han preguntado por lugares para citas románticas, siempre recomiendo uno barato: las burbujas, el champán, el triunfo, hay que ganarlos poco a poco, entre los dos. Si el amor está listo, surgirá incluso a través de una sonrisa negra de chipirones en su tinta. Mientras, lo importante —para el chico— es que invite ella: con la sola excepción de que te cojan de los pelos, no hay mayor signo de interés amoroso que cuando ella se empeña en invitarte.

La cerveza helada de monsieur Proust

Quien todavía asimile la cerveza a la vulgaridad hará bien en recordar al Proust —así lo cuenta Maurice Martin du Gard— que cada día se la hacía subir helada desde el Ritz. Quizá Proust ya agotó el cupo de esnobismo, pero —en todo caso— la cerveza no tiene por qué ser la litrona caliente del botellón ni la merienda de los *hooligans* ni los packs de seis latas del Alcampo. Ya en la vertical del verano, está al alcance de cualquiera entender a aquel lord Tennyson, hombre sublime y poeta laureado, que perdía la compostura ante «una buena pinta de Bass». Es algo que ocurre en todas las terrazas de este mundo, porque a Dioniso hay que agradecerle hasta el menor de sus dones, y un paladar privilegiado como Saintsbury supo que no hay bebida mejor «para pasar la vida». O para ver la vida pasar.

Eso se puede hacer con los cubos de botellines «todo a un euro», pero también con el sabor significativo, apegado a un paisaje, adherido a una tradición, de tantas cervezas que son Europa, de esos *Biergarten* donde vuelan los vilanos de los tilos hasta la tristeza algo fangosa de los pubs de Inglaterra, con su olor a moqueta y humedad. Ahí están las cervezas checas, las mismas que bebían en los cuentos de Jan Neruda; esas cervezas trapenses que aún hacen los monjes para salvarse a sí mismos y de paso salvar a los demás. Sobre las andas de la moda, no hay pueblo de España que no tenga ahora su cerveza artesana como un arraigo sentimental o un orgullo local. He ahí los indicios materiales de la verdad que nos revelaron historiadores y antropólogos: sin cerveza, sentencia George Will, simplemente no hay civilización. *No beer, no civilization*: durante siglos, la cerveza fue el pan más necesario de la humanidad sufriente; hoy, todavía es la prueba —como dijo Franklin— de que Dios nos ama y nos quiere felices.

Septiembre

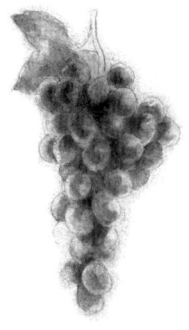

Primer y último gazpacho

Al tomar el primer gazpacho del año acumulábamos sin saberlo las ganas de vivir, de cara al verano como estación de la promesa. Quién sabe a estas alturas si no lo tomamos al fresco, discontinuamente atentos a la policromía de la masa humana que pasa por la calle, con esa pequeña superioridad que da el sentarse en las terrazas como quien filosofa sobre el mundo. Hoy, aquel gazpacho que Covarrubias definió como «comida de segadores y de gente grosera» invadió todas las cartas del orbe, batiéndose con la ensalada César, la pizza napolitana, el estándar internacional de los mojitos o todos esos platos que se quieren hawaianos tan solo porque a alguien se le ocurrió echarles piña en conserva. Para el gazpacho, ese «cierto género de migas que se hace con pan tostado y aceite y vinagre», no ha sido un mal destino. Se vende en brik. Se le rebaja la carga innoble de ajo. Hay incluso quien le pone bogavante. Al final, resulta que —otro año más— ha vuelto a vencer al salmorejo.

Besarse entre las cepas

Casi todo se recoge o se cosecha; más señoritas, las uvas exigen su propio verbo: vendimiar. Hoy hay viñedos controlados por ordenadores, por sensores de humedad, de concentración de azúcares, de maduración fenólica; sin embargo, para decidir el tiempo de la vendimia, nada podrá sustituir ese gesto, repetido desde los tiempos de Noé, en que un hombre toma un racimo y, uva a uva, interroga al viento y medita si ya hay que enviar a las cuadrillas. Dar esta orden constituye el momento más grave del año del viñador, y los días de vendimia serán días de nervios y de maldormir, de esa inquietud que —pese a todo— hace frontera con la alegría. Y salvo que uno deba arrastrar por esos campos su lumbalgia, bien puede ser una circunstancia lujosa: imaginemos el sabor de las garnachas de Rayas, o un racimo robado al Chablis de Raveneau... Ni siquiera hará falta tanto: ya de noche sobre el viñedo, hay un cansancio santo del que uno solo se repone comiendo uvas hasta que las manos se nos quedan pegajosas.

La Europa del vino asiste estos días a sus ritos vendimiarios, como una celebración báquica, como un pago a tantos momentos de penalidad que ofrece el año: arar, podar, sulfatar, atender «al vuelo bajo de las golondrinas y la forma de las nubes, a las lluvias de San Juan y el sol de la *Bonne Dame* de septiembre». Sobre todo, está la labor más humana de esperar. El barón de Montesquieu, desde su *château* bordelés, confirma esa angustia al referir por carta que «toda mi suerte depende de tres días de sol». Después detona la fiesta, suenan los cantos ancestrales, explota —lo dice Rousseau— esa «alegría generalizada que en estos momentos parece extenderse por la faz de la Tierra». Hay quien creería haberse «bebido el universo». Émile Zola, con su sensualidad un poco gruesa, dedicó páginas memorables a aquellos pueblos en los que «apestaba a uva durante ocho días» y «los enamorados, embadurnados, se besaban en los morros entre las vides», como si pusieran en escena un cuadro de resonancias paganas.

Identificamos la vendimia con los oros ya cansados de septiembre, cuando «las perezosas uvas» que cantó Virgilio han terminado de embeberse del último rayo de sol, pero ya en la vertical del verano Europa comienza a vendimiar. Es una continuidad que asciende de sur a norte y culminará allá en noviembre, cuando en la frontera fría del vino se recojan, pasada a pasada, grano a grano, las uvas casi pasificadas, consumidas en el racimo, con la dulce concentración de la podredumbre noble... Uno ha llegado a beber algún dulce —del Jurançon— con fruta recogida en el mes de enero. Hasta entonces, otoño adentro, cada variedad irá moteando nuestras colinas con un matiz de ocre distinto: *bonheur rouge des vignes en automne*. No es en vano que se ha dicho que los mejores vinos del mundo vienen de los viñedos más hermosos del mundo: valle del Duero, Priorato, la Borgoña, el lento meandro del Ebro que ciñe y desciñe la Rioja.

En su visita al Clos Vougeot, Stendhal observó que a los vendimiadores se les daban comidas excelentes, «y carnes que en rara ocasión prueban, para quitarles la menor idea de comerse las uvas». Si en España, según las regiones, era tradición asar un cabrito, o quizá poner unas chuletas de cordero al fuego de sarmientos, en Francia lo común ha sido tomar oca rellena, preferiblemente después de interpretar —como desde hace miles de años— aquella vieja danza que une a los hombres pisando la uva en el lagar. Todavía se hace así con algunos champañas, con algunos borgoñas, con algunos oportos. Ocurre —según dijo Hesíodo— «cuando Orión y Sirio ascienden a la mitad del cielo y la aurora de rosáceos dedos toca Arcturus». Luego el vino fermenta en las cubas o, por decirlo con el viejo Virgilio, «la vendimia rebosa en las hinchadas tinajas».

Remedia amoris

Quien todavía no se haya inclinado hacia el amor, hará bien en recordar cómo «subvierte reinos, destruye ciudades, pueblos y familias; arruina, corrompe y masacra a los hombres» e incluso, en sus peores extremos, nos lleva a olvidar «las convenciones del comportamiento civilizado». Baste pensar en aquel Estrátocles que, el día de su boda, «sin despedirse de nadie ni probar bocado, se lanzó a toda prisa al tálamo nupcial». La suya fue conducta poco *gentlemanesca*. Será que, feliz o infeliz, el enamorado —como afirma la autoridad de Boehme— se atrae «la atención preferente del diablo». Por ello lo indicado es atemperar las pasiones, más aún si uno se cuenta entre esos «jóvenes y lujuriosos que viven regaladamente, bien alimentados [...], como ganado en un fértil pasto». Y los tratadistas del Renacimiento, que eran gente docta —los Burton y Bright, Alonso de Santa Cruz y Jacques Ferrand—, tienen sin duda el remedio para esta *aegritudo amoris*.

¿Cómo saber cuándo uno la tiene? Si anda usted «suspicaz, circunspecto, triste, lleno de temores, envidioso y celoso»; si propende «a la soledad, el duelo, los lloros y la risa melancólica» (sin olvidar «los suspiros y lamentos»); si huye «de la luz y del gentío» y prefiere estar «aislado y en la oscuridad», es muy posible que esté experimentando sus primeros síntomas. Considérese a sí mismo ante el espejo para perfeccionar el diagnóstico: ¿Aparece su rostro «desalentado y ceñudo», como alerta Bright? ¿Ve cómo «su nariz gotea, la boca babea, los labios tiemblan y todo su pecho se ve agitado por suspiros y sollozos»? ¿Padece usted de la «palidez y sequedad» de que habla nuestro citado Santa Cruz? ¿Ha notado ya —algo es algo— la súbita «delgadez» sobre la que nos ilustra Capellanus? Si la respuesta es sí, usted es reo —vayan por delante las condolencias— de melancolía amorosa. Y no lo dude: todo el mundo se habrá apercibido, pues —como apunta Angífanes— cualquier cosa puede disimularse menos el amor y la ebriedad. A nadie, en verdad, se le habrá escapado cómo da usted de cuando en cuando en «caminar sonriendo para sí mismo como si viera u oyera algo deleitoso», y tampoco es discreta esa manera suya de «pasear siete u ocho veces al día a lo largo de la calle donde ella vive», sobre todo a ojos de la Guardia Civil.

Para abandonar tan deplorable estado, Van de Velde, por ejemplo, recoge la observación clínica de que «la eyaculación, o bien elimina completamente la enfermedad», o al menos «la mitiga». Por eso, de acuerdo con la epístola paulina, «más vale casarse que abrasarse». De ser imposibles el matrimonio y subsiguiente ayuntamiento, otros filósofos y médicos recomiendan no obstante —*erubesco referens*— «la lascivia y la fornicación» como cura de la afectación melancólica. Ítem más: en lo tocante a sanar la pasión, ciertamente no hará falta imitar a Faustina, hija de Antonino Pío, que dio en beber la sangre de un gladiador. Los remedios, al contrario, pueden ser de la mayor sencillez, y la culinaria aquí nos presta su ayuda. En primer lugar, con un régimen endurecido y capaz de purgar los apetitos genésicos: a nadie se le oculta que una dieta recurrente en «habas, jaramagos, electuarios y testículos de animales» constituye por sí misma una puerta abierta a la concupiscencia. Cabe igualmente renunciar a «carnes picantes, especiadas, flatulentas y melancólicas».* Y aun cuando la patrística calla sobre los efectos del Jägermeister o las caipiroskas en la afectividad humana, sabemos por Jerónimo que «ni el Etna ni el Vesubio arden como las entrañas de los jóvenes cuajadas de vino». «Cosa lujuriosa, el vino», corrobora Agustín, que —*experientia docet*— había comprobado cómo «un vientre inflamado se descarga rápidamente en la lascivia».

Para poner en olvido a su bizarro galán o a su *belle dame sans merci*, también serán de ayuda reconstituyentes y tónicos como «las decocciones simples de fumaria, betónica, polipodio y cuscuta de tomillo»; de no tenerlos a mano, siempre podemos recurrir al «epitoma» o a «distintos tipos de culantrillo». Suelen asimismo tener óptimos efectos purgativos «las fomentaciones de malva, meliloto y ungüento de brionia». Ante todo, sin embar-

---

* Según el médico extremeño Juan Soropán de Rieros (principios del siglo XVII), los alimentos favorables «para la Venus» serían: «el vino aloque, de substancia delgada; el pan bueno y de ayer cocido; la carne de cabrito, de cordero, de puerco, de gallina, de perdiz o de ternera; de peces, el pulpo; de hortalizas, el panizo, la oruga, las zanahorias, las habas y garbanzos». En especial, «las uvas son en este caso mucho de alabar».

go, lo importante es huir de las tentaciones que ofrecen «la juventud, el vino y la noche». Su mezcla, en esta materia de amor, no es sino como convocar «al lobo famélico a cuidar una tierna cordera».

Escenas de palacio

I

A despecho de sus formas esteatopígicas, la reina Victoria no tenía ningún interés por la mesa: era tan rápida con la comida que —según dicen— prácticamente la inhalaba. Ahí había todo un contraste con su primer ministro William Gladstone, hombre de complexión correosa y uno de esos convencidos de las virtudes de la masticación. El *premier* se obligaba a triturar treinta y dos veces cada alimento antes de tragarlo, en tanto que el servicio de palacio tenía órdenes de levantar el plato nada más terminar la reina. Si los amores se anudan en la mesa, también en la mesa se desatan los desprecios, y quizá no extrañe que las relaciones entre Victoria y Gladstone hayan sido uno de los odios más célebres del siglo XIX.

II

Isabel II prefiere comer en porciones pequeñas: eso le permite dejarse alguna para —atenta a la concurrencia—

no ser la primera en terminar y que los invitados no sientan urgencias. Isabel I, sin embargo, prefería porciones mayores y daba igual que terminara la primera o no: entre plato y plato, se metía una elegante pluma de pavo real en la garganta para vomitar y así seguir comiendo.

Octubre

Crêpes **Suzette**

De entre las cosas que hay que agradecer a las *crêpes* Suzette destaca eminentemente su pertenencia a ese género de platos que nunca podrán prepararse en *shorts*. Más bien requieren de la circunspección y la gravedad de un sumo sacerdote de tiempos del Levítico: uno necesita un alma que no se arrugue para ese momento supremo de decantación en que se vierte el *triple-sec* y la lengua de fuego azul amenaza con tiznar las molduras del restaurante o caer como una venganza sobre la permanente de las señoras. Algún alma desagradecida puede pensar que esta cocina en sala pertenece más al funambulismo que a la gastronomía, pero eso implica poner en olvido el crepitar tan dulce, las alquimias de la mantequilla y el cítrico que se van enseñoreando del restaurante como un olor primordial o como el viejo recuerdo de la alegría de vivir. Bendita pentecostés de las *crêpes* Suzette.

Los pollos de Napoleón

Napoleón alardeaba de poder vivir «con la paga de un capitán», y después de esta bravuconada solo cabe esperar que —en efecto— se hiciera cambiar ropas y sábanas tres veces al día. Cosas de la sencillez. A Talleyrand le pasmaba que un hombre tan grande pudiera ser tan maleducado y, en lo tocante a la mesa, ni los napoleónatras más crédulos han podido quitarle la razón. Lo cuenta Frédéric Masson. El emperador era tan dado a meter la mano en el plato como a condecorarse de lamparones. Daba bocados muy grandes y, para escándalo del servicio, podía «pasar del *entremets* al *hors d'oeuvre*» sin seguir las precedencias de costumbre. En definitiva, comía «con bastante poca propiedad». Y muy rápido: el trámite de la comida no le llevaba más que siete u ocho minutos.

A la época napoleónica le debemos el «poulet Marengo», una improvisación —según la pía leyenda— tras la batalla del mismo nombre, y sin duda con mucho más ringorrango que la etiqueta de «pollo entomatao» que podríamos haberle puesto por aquí con nuestro talento para el *naming*.* Al emperador le gustaban mucho los pollos, fueran «a la italiana», «a la tártara» o «salteados a la provenzal», aunque sin ajo: al parecer, le hacía daño. Una pasión particular eran —corso al cabo— los macarrones con parmesano, y se sabe que echaba de menos un bocado selecto: los salmonetes pequeños, muy pequeños, del Mediterráneo. Más por exotismo que por gusto, de las campañas de Egipto, tan gratas al recuerdo, se había llevado la costumbre de los dátiles y el arroz pilaf. Napoléon no abusaba —como se ha difundido— del café. Tampoco tomaba licor fuerte. Vino sí bebía: tenía un amor sobresaliente al Chambertin, y uno de «los pequeños sufrimientos» del destierro en Santa Helena iba a ser cambiarlo por el *claret* —el Burdeos— de los británicos. En todo caso, aunque sobresaliente, era un amor medido: el emperador cortaba el vino con agua, y nunca tomaba más de media botella. Ni siquiera —con lo que ha llegado a ser la del Elíseo— tenía bodega: quizá fuera suficiente embriaguez esa vanidad de ver, sobre la mesa, las botellas grabadas con su N laureada.

Tan inmoderado en todo, las pasiones de comer y de beber debía de tenerlas Napoleón en poca cosa, y en ocasiones le reprochó a Guignet, su *maître d'hôtel*, que le hiciera cenar de más con gollerías muy de su gusto. Ocurre que las preferencias de Napoleón parecían harto rústicas y cuartelarias a su servicio, pues una vez el

---

* Pensemos en lo grueso del nombre «atascaburras», por ejemplo. En lo que respecta al pollo a la Marengo, se supone que la receta original añadía cangrejo de río y huevos fritos al pollo. Al poco, sin embargo, empezó a considerarse ortodoxo sustituir el cangrejo por setas —champiñones—, ahorrarse los huevos y dejar caer unos picatostes sobre el plato.

emperador dio en quejarse de que nunca se le servían cierto tipo de salchichas de cerdo, y esto era por juzgarlo Guignet lesivo de la dignidad de la cocina imperial. Por supuesto, jamás se lo dijo al emperador: simplemente, se las sirvió de perdiz. Pero con tanta constricción quizá no sorprenda que el momento más hablador y feliz del día fuera para Napoleón el desayuno: algunos días estaba, refieren, espléndido, soberbio. Mandaba cerrar las puertas para que no se escucharan las risas.

Una cosa que se prohibía el emperador eran las judías verdes, y no es que no le gustaran: le encantaban, pero los hilos le recordaban a pelos que hubieran caído en el plato, y el asco ahí le resultaba invencible. En cierta ocasión, sin embargo, y para cumplir con su alarde de que nada le gustaba más que la sopa del rancho, le sirvieron un plato ante toda la soldadesca y en ese plato había un pelo. Con todos los ojos atentos, Napoleón se comió la sopa, en una victoria sobre sus inclinaciones del tamaño de la victoria en Austerlitz.

El gran autócrata no iba siempre a gobernar con tanto rigor su estómago. Sus horas y lugares de comer eran tan impredecibles, se ha dicho, como su política exterior. El pobre Guignet lo pasaba mal: los platos sudaban y sudaban recocidos bajo la campana y se echaban a perder en esa especie de baño turco. Al final, el *maître d'hôtel* ordenaría tener un pollo recién asado cada diez minutos para así satisfacer al instante las demandas del emperador. Un día que Napoleón se retrasó —cuentan—, llegaron a asarse veintitrés. Lo imaginamos solo, en su gabinete, comiéndose uno a bocados: el emperador nunca usó de ese poder blando, de esa seducción que al negociado político aporta la buena cocina. Sin embargo, va en su crédito el hecho de que dejara ese papel a otros. Concretamente, a un tipo quizá menos grande pero sin duda más educado que él, y a quien hoy todavía llamamos Talleyrand.

La última ronda de nuestra juventud

El periodismo tal vez no dé mucho prestigio ni mucho dinero; a cambio, es cosa cierta que da muchas ganas de beber. Por eso, desde los tiempos de Fleet Street, las tabernas nunca se han alejado mucho de las redacciones. Y por eso todo periodista ha de buscar asilo en una barra generosa, ya sea para volver por la tarde con un titular triunfal, ya sea para inaugurar ese plazo de misericordia —doce horas o más— que se nos abre al cerrar el diario por la noche.

Por muchos años tuve la suerte de acogerme a una de estas barras: El Padre tal vez tuviera la calidez de un matadero industrial, pero nosotros no necesitábamos velas en la mesa ni interiores provenzales. Lo que necesitábamos eran esos cócteles que iban directos al torrente sanguíneo, una carta de vinos con la que podíamos pasear por el Douro como por la Côte d'Or y unas chuletas que quizá hacían tambalearse a nuestro ácido úrico, pero por unas horas contribuían a mantener erguidos nuestros cuerpos. Fueron noches inolvidables, infinitas, antes de volver a casa a pedir perdón por todos nuestros pecados.

Hubo un día triste, sin embargo, en que El Padre cerró. Los dueños del local habían decidido mudarse a Zamora, una de esas ciudades castellanas en las que no pasa nada desde el año 1200, a cultivar tomates. Su decisión era legítima: cada cual es dueño de sus locuras. Pero durante un tiempo, todos anduvimos cabizbajos por Madrid, entre martinis calientes, carne demasiado cara o demasiado mala y la melancolía de esas cocinas que apagan el fuego a las once de la noche. Quizá por eso no tardamos en darnos cuenta de que el cierre de El Padre había significado algo más hondo: exactamente, la última ronda de nuestra juventud.

La literatura ama los finales trágicos; la vida, en cambio, ama los finales felices o —mejor aún— las cosas que no conocen su final. Tal y como cerró, El Padre volvió a abrir, quizá menos canalla y menos áspero, pero más ambientado y más surtido. Cambió el nombre a Angelita y todavía no sé si, en el fondo de sus martinis, se agazapa la juventud perdida o la juventud que nunca se fue. Pero sigue siendo el lugar de siempre. El único de este mundo donde no nos miran raro al pedir un vino que tenga «la dulzura del fuego, el perfume de una hierba; el parpadeo lejano, frío, indiferente, de una estrella».

Importador de música y compositor de vinos

Shakespeare alabó el jerez, pero sin duda el mayor partidario fue Marlowe: su último gesto consciente en esta vida fue tomarlo. Después, se metió en una pelea de borrachos de la que ya no iba a regresar. Al poco de su muerte —comienzos del siglo XVII—, el vino andaluz se haría tan popular en Inglaterra que, por usar la palabra inglesa de la época, había que «sofisticarlo» —adulterarlo— para satisfacer la demanda. «Los españoles —escribe un tratadista—, se asombraban de la pobre calidad del vino enviado a Inglaterra, y lo describían como *Vino para borrachos* (sic).» Roos, viajero por España, Francia e Italia, relata cómo veía de continuo a los elaboradores preguntarse «qué tipo de criaturas» serían esos ingleses «para beber aquellos vinos» que les enviaban. Si el vino enviado era malo, los mercaderes no hacían nada para mejorarlo, más bien al contrario: para elaborar el llamado «jerez del Elba»; por ejemplo, había que mezclar alcohol de patata, «agua pura del Elba», culantrillo y, «por ser generosos», una medida de «vino bueno». En otras ocasiones no llegaba ni a haber jerez: podía venderse como tal una mixtura de «brandy francés, marsala siciliano, vino del Cabo, sidra de Devonshire y agua del Támesis». El dramaturgo Sheridan nos habla de Michael Kelly, un personaje de esa zona de teatros y consiguiente mala vida de Haymarket: el hombre puso oficina de «compositor de música e importador de vinos», y Sheridan, gran bebedor, añade que lo suyo hubiera sido rotular «importador de música y compositor de vinos», pues su música no era original y en cambio su vino, hecho en casa, sí lo era.* Charles Tovey cuenta el caso de un hombre que, al pedir a su tendero un poco más de la maravilla que se había llevado, se encuentra con que «no puede comprarse en parte alguna»: lo había confeccionado el propio bodeguero. No extraña que, cuando a lord Derby el médico le prohibió, para su gota, todos los vinos salvo la manzanilla, al probarla dijera que prefería seguir con la gota. El mismo Dickens, hombre que —como tantos nacidos en el arroyo— tendría la obsesión de la comida, arremetió contra «el mal llamado jerez»: «ese fluido turbio, servido por dejados camareros en vinagreras a solteros desconsolados en restaurantes de segunda».

Pero entonces el jerez también tenía sus defensores, ante todo Ruskin, quizá el hombre más influyente de la Inglaterra victoriana. Era hijo de un significado comerciante en vinos, hombre riquísimo, reclutado por un Pedro Domecq impecable en «honorabilidad y sentimientos», aunque no tanto en «buen sentido y laboriosidad». La fortuna jerezana del padre de Ruskin pagó

* A Sheridan no le faltaba autoridad para estas observaciones. Él mismo era un destacado borrachín: si la inspiración no le venía —solía decir—, un poco de vino servía para animarla; cuando por fin le llegaba, un poco de vino servía para premiarla.

los —justificados, eso sí— caprichos estéticos del mucha-
cho, de modo que algo de la belleza británica eterna se
le debe al comercio del jerez. Y al desamor, pues Adela
Domecq, hija del magnate de origen francés, le dio cala-
bazas y el patriarca tuvo que buscarse a otra. El joven
Ruskin, tras oír las barbaridades de la Guerra de Inde-
pendencia, escribió dramáticos versos de niño repelente
sobre el pago Macharnudo. Sin duda fue importante en
su crianza ese jerez del padre, cuya calidad nunca llegaron a probar, por volver a Shakespeare, «ni el príncipe
Hal ni Falstaff». A cambio, al morir Dickens, se le des-
cubrieron no pocas botellas en su casa.

Los gordos de antes

Quizá hoy cueste pensarlo, pero hubo un tiempo en que el sentido de la vida no era estar delgado y palabras como culpa o pecado no remitían de modo directo al chocolate. Paradojas o castigos del progreso, hace dos generaciones en España lo que importaba era comer y ahora lo que importa es evitar los desarreglos —tan graves— de la obesidad o la anorexia. Ningún niño de hoy podría entender al buen Carpanta. Ningún hombre de hoy podría pensar que una comida sin postre —según dijo Savarin— es como la mujer bella a la que le falta un ojo. Con sus formas rotundas, Orson Welles haría bien en buscarse un papel de secundario.

Desde luego, ser un poco gordo no es más culpable que ser un poco calvo o tener los ojos ligeramente marrones. No es mero prurito estético, sin embargo. La delgadez tiene algo de nueva ilustración, en tanto que la gordura —de enfermedad física a tara moral— parece asociarse con la culpa. Despierta la sospecha. Es síntoma creciente —leemos— de falta de educación, de pobreza, de crianza sin vínculos ni arraigos. Adiós al asado o el arroz del domingo, a la sopa humeante en casa de la abuela.

Ahí están tantas gentes sin más fundamento que lo que tenga a bien surtir el chino de la esquina o el proveedor de *Just Eat*. Ahí están tantas familias sin la educación de las pasiones que implicaba reunirse a comer: básicamente, comer lo que toca y a la hora que toca, y no lo que apetece y a la hora que apetece. De pronto, las chucherías de los niños pasan de ser el premio del domingo a constituirse en derecho inalienable. Nos reprimimos menos. Quien ha pasado toda la vida comiendo en solitario no ha aprendido a subordinar el apetito de lo inmediato a la exigencia social que implica terminar la coliflor o no caer sobre la última galleta.

A modo de corolario, ser gordo equivale —quizá por primera vez— a estar mal alimentado. Occidente está criando generaciones más rollizas. Ya no se trata de formas sanas y horacianas, de esa tan sonrosada que dejan los buenos alimentos, de aquellas gentes constitutivamente orondas, capaces de apreciar un bodegón de desolación en el pan sin sal, la pechuga de pavo y la lechuga iceberg. Adiós a los viejos gordos, hola a los nuevos gordos: es lo que va de la hora filosófica del brandy a las horas ante la videoconsola rodeados de fósiles de pizza. El problema de salud pública, en algunos países, ya ha adquirido relevancia. Ahí, la coartada es ideal para una presión social altamente inclemente, cuando no para una intervención de los Gobiernos, que cualquier noche mandarán a sus funcionarios a olernos el vino y a quitarnos puntos de civismo a la hora del *soufflé*. La solución no es fácil, toda vez que la experiencia humana indica que, a partir de cierta edad, nadie se convierte al *spinning* y la acelga. Ya pensamos en exceso en la comida, quizá sin caer en la cuenta de que comer bien implica un esfuerzo. Lamentablemente, muchos solo llegarán ahí tras la lección de la experiencia: ocurre que comer mal hace infeliz, aunque no siempre tengamos la sensibilidad para apreciarlo. Puestos a ser gordos, seamos como los gordos de antes.

Cocina y política

Es muy posible que los políticos hayan dejado de comer, pero que me aspen si han dejado de beber: solo en política he visto a un hombre salir del trabajo, acercarse a la barra y pedirse no uno sino dos gin-tonics. Que la política da sed es algo que han sabido todos: el Yeltsin que solo lo dejó al quinto bypass y el Fitt* que no se ponía hielos en la copa porque, según decía, el tintineo le empeoraba la resaca. Será que la vida pública —o la vida partidista— pide tanto de uno que el alcohol se convierte en el agarradero más humano: por experiencia, creo que hay que desconfiar del político que no bebe copas, pues si no bebe copas es que tiene algún vicio menos confesable y, por lo tanto, peor. En cuanto a la vida diplomática, el embajador Adlai Stevenson lo resumió bien: «Protocol, geritol, alcohol».

En España, cambiar la hora de los plenos de las cuatro

---

* Norirlandés socialista y católico con asiento en Westminster desde los sesenta. Según explica Ben Writh, «se le recuerda por sentarse en la terraza de Westminster en las tardes de verano mostrando grandes vasos de gin-tonic a los barcos que pasaban y gritando "¡es gratis, es gratis!"».

de la tarde a las nueve de la mañana nos dejó sin muchos minutos de elocuencia debida al pacharán, del mismo modo que a los diputados les dejó sin unas siestas muy meritorias. Somos más puritanos que antes. La televisión engorda. Vende menos comer que correr. Los ministros ni siquiera fingen ya esos posados con delantal que, allá por los noventa, parecían hacerles humanos y normales. Los cocineros pueden ser maestros de moral, pero todavía callan —no así los actores o los deportistas— en cuestiones de voto. Un periodista puede cegarse a copas con un diputado y —al día siguiente— murmurar que ese es un borrachín. Sin duda, había un motivo para que en las cenas de corresponsales parlamentarios rigiera una discreción equivalente al sigilo sacramental de las confesiones.

El actual ayuno político, en todo caso, va contra una tradición netamente nuestra de caldos reconstituyentes en el Senado y de pinchos «constitucionales» en José Luis, donde el 78 salió adelante. Hemos tenido hasta un partido —el socialista— nacido entre los vapores tabernarios de Casa Labra, de fama justificada por su bacalao y un Valdepeñas muy marrullero. A los padres de la patria, además, nunca les ha venido mal ser identificados con un plato, ya fuera la sopa de trufa de Bocuse para Giscard o el foie lionés de Herriot. González daría un uso diplomático al jamón igual que Kohl se invitaba a «Saumagen», una especie de *haggis* al modo del Rin, tan contundente como la complexión del canciller. No solo la liberalidad ha merecido alabanza: Suárez hizo virtud de esas tortillas francesas, muy sequitas, que tomaba envueltas en el humo de un Ducados, e incluso Franco, durante largos años, tuvo como chef a un cabo furriel.

El fascismo, de hecho, fue más bien abstinente, véase el vegetarianismo de Hitler o el bufido de Mussolini contra unos ingleses que «¡comen cinco veces al día!».

Ser sorprendido a la salida de un restaurante bueno —de un restaurante caro— mete más miedo hoy a un político que ser sorprendido a la salida de una sauna. El carisma de un Obama, cierto, todavía ha podido vender las hamburguesas de Five Guys o poner de moda el vino de Oregón, pero la frugalidad, que no gusta en economía, gusta en quienes la dirigen. Incluso entre potencias gastronómicas, el hambre es la nueva regla. Rubalcaba tuiteó su pechuga de pollo y Zapatero prefería las cremas. Peter Mandelson, factótum del Nuevo Laborismo, dio brillo a un trago monacal: el *canarino*, una infusión de corteza de limón. Hace apenas una generación, el socialismo hispánico todavía podía llenar de manzanilla y langostinos de Sanlúcar el Bateau Mouche, el barquito que recorre el Sena. Hoy, quien coleccione menús institucionales —Zarzuela, Moncloa, Santa Cruz— va a encontrarse lo mismo en todas partes: una dorada «con verduritas» timoratas. ¡Y pensar que el chuletón —en el siglo XVIII inglés— llegó a ser bandera de las libertades nacionales!

Se ha dicho que Vázquez Montalbán franqueó a la izquierda el salvoconducto para ir sin remordimiento a los buenos restaurantes. En el mundo del vino, sin duda, los suyos llevan tiempo: Parker empezó como un Gramsci de la crítica y los elaboradores de vino natural están a punto de consumar una vuelta completa y llegar al paleoconservadurismo a través de la contracultura. Al final, preguntarse si la cocina es de izquierdas o derechas encuentra hoy la respuesta más equilibrada: todos están a dieta. En Francia —¡en Francia!—, Sarkozy, de derechas, tomaba queso con cero por ciento de grasa; en cuanto a Hollande, de izquierdas, subastó buena parte del «lago de vino» que era la bodega del Elíseo.

Joven periodista en el Congreso, confieso que me fascinaba seguir el Madrid de la Restauración, no borbónica, sino culinaria: el Hevia de Aznar y Zaplana, el Errota Zar —¡qué chuletones, qué riojas!— del PNV, un Currito al que el felipismo fue siempre muy afecto. Con sus riñones al jerez y sus espejos de Chartreuse Tarragone, Casa Manolo era de todos y de nadie. Y aunque llegué tarde al esplendor de El Amparo, quise ir a comer allí —ya en época de Arturo Cantoblanco— en honor del socialismo de intelectualidad y morro fino de Alfonso Guerra en los ochenta.

Siempre han causado curiosidad las gollerías que, más refinadas o menos, hacían las delicias de las clases dirigentes: Carlos V parece menos emperador y más persona si tenemos en cuenta su pasión por los melones, como Felipe II por las alcachofas, Carlos III por los huevos pasados por agua o su descendiente Juan Carlos I también por los huevos, pero fritos. El Thebussem recomendaba a los gobernantes «puré de verdadero patriotismo y croquetas de buena fe política». Churchill sabía, sin embargo, que los verdaderos gobernantes del mundo no eran los políticos sino los estómagos.

Noviembre

Full English: descrédito y alabanza del desayuno

«Voy contra mi interés al confesarlo», y me temo que contra el gremio de los nutricionistas, al no ratificar con entusiasmo el aserto según el cual el desayuno es la comida más importante del día. ¡Cómo va a ser la comida más importante del día la única que no incluye vino, la única que excluye el alcohol! Bueno, convengamos que, salvo que uno lleve una vida caligulina, lo excluye la mayoría de las veces. Pero incluso cuando lo contempla, y salvadas excepciones de raza como el anís o el sol y sombra, que a lo menos exigían ponerle un poco de pecho a la vida, el alcohol del desayuno propende exageradamente a lo *putriosko*.* No hay escapatoria. Mimosas. Bellinis. Un champán que será malo cuando es malo y casi peor —ustedes me entienden— cuando es bueno. Y, tocando fondo, en una oscuridad ya de la que

---

* Me reprochan que no se entiende la palabra. Es más fácil de ilustrar que de definir. Los restaurantes de tres pisos son *putrioskos*. Pedir el suplemento de caviar en el gazpacho es *putriosko*. Las botellas de Moët con cristales de Swarovski son de un *putriosko* que corta la respiración.

no se regresa, el «prosecco sin límite». Sí: el bloody mary es, sin duda, una fiesta mayor, una creación angélica, una idea extraordinaria —y, por lo general, una materialización frustrante. En resumen: nunca deploraremos lo bastante el *brunch*, esa glorificación de las sobras y los recortes de la semana, equivalente ético-gastronómico de las viseras de Swarovski y las zapas de Vuitton.

Por otra parte: ¿por qué esa manía de saltarse —asado del domingo, arroces en familia, torteles— la comida del día de fiesta? En general, uno solo debe saltársela si, por empacho de pasión, se ha tapiado la tráquea de cruasanes en París y quiere llegar ligero a la noche en L'Ambroisie. O, sin salir de España, por haber caído en alguna de las dos variantes regionales del desayuno sobre las que es legítimo alzar una idea nacional: ese suave tránsito andaluz que, con las doce como eje, lleva de la tostada al aperitivo y, ante todo, el *esmorzaret* valenciano, prez y honra del ecosistema de la barra hispánica, hipérbole levantina y delirio mañanero y glotón: ¿quién considera razonable, al rato de entrar en la oficina, someterse a un desayuno de tres vuelcos?

Todos los desayunos dignos de mención —gachas manchegas, sopas de ajo castellanas, migas aragonesas o extremeñas— coinciden en que uno se alimenta como si de inmediato tuviese que marchar a labrar. Al menos, así era hasta que los boles de proteínas —¡mmmh!— y el té *matcha* han venido a ensombrecer nuestras mañanas. En realidad, el desayuno parece ser la parte de la cocina que los epicúreos les hemos dejado a los médicos: un dominio administrado no por la gastronomía, sino por la alimentación, y cuya única gloria culinaria sería un argumento tan pobre como su contundencia. Véase

que la cocina más vituperada de todas las occidentales
—la cocina británica— tiene su gloria precisamente en
aquello en que nadie se fijó: meriendas y desayunos, el
afternoon tea y el *English breakfast.*

Perpetuo motivo de controversia en la conversación
nacional, el desayuno inglés, como todo lo que vale la
pena, ha desarrollado ritualismos, ortodoxias y manías.
Variaciones locales aparte, un canon aproximado incluye
bacon ahumado, salchichas, pan tostado, morcilla, judías,
huevos, tomate, setas y té. Esto es decir poco, claro, porque las salchichas suelen ser salchichas Cumberland, los
huevos pueden ser fritos o pasados por agua pero siempre
serán algo babosos; la morcilla es optativa; las judías no
son cualquier judía sino las judías de lata con tomate, y
las setas no son cualquier seta sino champiñones decolo-
rados de lata. Además, hoy se bebe menos té que café.

Con lo que llevamos escrito sobre el *English Breakfast*
ya hemos dado pie, sin duda, a gruñidos, quejas y bufi-
dos de suficiencia sin fin. Creo oírlos todos. «Pues en mi
casa en Somerset siempre se tomaba con el bacon natural.» «Las judías no han sido nunca parte integral del
full English.» «¿Y dónde te has dejado los *hash browns*,
tío listo?» «Con "champiñones", naturalmente, te refie-
res a los *chestnut mushrooms* pequeñitos y no a los *por-
tobello mushrooms* grandes, ¿verdad?» Como se ve, las
variantes del purismo son interminables, y mi mensaje
al respecto es claro: miren, yo no voy a pelear. No me
va nada en esto. No pertenezco a la casa Heinz ni
me paga la industria chacinera. Lo que usted crea, eso
estará bien. En las tablas del Sinaí figuran los diez man-

damientos, pero en vano buscaremos la auténtica, la genuina receta del *full English*. Por tanto, cada uno es soberano, y puede convertirse en el pequeño papa de su secta: aquellos que lo toman con kétchup o son cruzados de la salsa HP, aquellos que piensan que tales cosas son una cochinada o incluso esos otros que exigen las judías en cuenco aparte para que no se mezclen con el huevo. En materia de desayunos está permitido el libre examen.

Con todo, si no podemos establecer la definición magisterial del *English breakfast*, sí podemos explicarlo. El desayuno, canónico o no, servía para entonar los cuerpos antes de la caza, para mostrar hospitalidad hidalga y —de paso— alardear de los productos de la finca. En el siglo XIX, el desayuno fabril —té con tostada— de las clases populares se verá enriquecido con la ocasional adición de los huevos y la loncha de panceta, en lo que sin duda es uno de los progresos materiales más ciertos que hayan podido darse en la historia de la paciente humanidad. Los huevos con bacon se convertirían, por tanto, en *fons et origo* del desayuno inglés, pero debemos subrayar que, si el huevo ha merecido no pocas devociones y obsesiones en Gran Bretaña, el bacon es objeto de latría: algo totémico hay cuando «llevar el bacon a casa» es el equivalente insular al hispánico «ganarse los garbanzos». Las razas porcinas autóctonas —Yorkshire, Tamworth— se cruzaron con el propósito de tener la mejor canal. Y el corte que llega al plato del desayuno hoy es emanación de siglos de mejora en la busca del filete carnoso de la parte del lomo y —a la vez— la grasa crujiente de la parte de la panceta. Véase que, como todo lo importante, las lonchas de bacon —*slashers*— tienen una palabra para sí solas.

La codificación excluyente del «desayuno inglés» ha apartado del protagonismo a tantos otros desayunos ingleses que hacían bueno el viejo dictum según el cual, en Londres, para comer bien, uno debía desayunar tres veces al día. Pienso en los riñones a la diabla, que saben a Trollope y a Dickens, y que son la mejor manera del mundo de preparar los riñones si uno excluye los riñones al jerez. Pienso en la suntuosa tortilla Arnold Bennett, con bacalao desmigado y parmesano y un aporte calórico que te acompañará siempre. En la caballa ahumada, pletórica en omega 3, con lo que uno puede darse a ella casi en matrimonio. O en la modesta *marmite*, ese unte vegetal tan extraño que no es que guste a los ingleses —es que solo les gusta a algunos de ellos. Difícil no evocar también los *kippers*, arenques ahumados que Eduardo VIII, nunca tacaño con el dinero del contribuyente, se hacía llevar cada día desde Nortumbria a París vía Fortnum and Mason. O el *kedgeree*, esa ideación indo-británica, con su curry y sus pasas, con su arroz y su bacalao, que, como el Mini o el Barbour o tantas britanidades, tienen un aspecto improbable, inmanejable y arriesgado —pero funcionan.

Seguramente todo es en vano: nada podrá arrebatar el podio a los «diez pecados mortales», de la morcilla al huevo, de desayunos como el que servían en Simpson's. Será que, en Inglaterra, el desayuno viene a cubrir el vacío litúrgico dejado por la misa del domingo, y lo recuerdo de niño, en la invariable familia de Southampton, como el momento de alborozo del paterfamilias, la única mañana en que la vida le aflojaba su corona de espinas, la hora de bien en que la casa dejaba de oler a moqueta húmeda y ácaros y olía al pringue de delicia de las salchichas. Luego, tras el desayuno largo y luminoso, el hombre cogía sus pertrechos y se iba a jugar al golf. El duque de Windsor sufría solo de pensar en «el siniestro desayuno continental». Era un hombre delicado. Pero uno está dispuesto a aceptarlo todo cuando, con las copas de champán aún sobre la mesa, amanecemos dolientes sobre el chéster de un club y, escaleras abajo, a través del *coffee room*, el olor del bacon que todo lo invade nos devuelve a la vida.

Más amargos

Josep Pla dejó dicho que el brandy español había causado más bajas que la guerra civil y todavía está por ver el número de vidas arruinadas por un chupito de más de Jägermeister. Sus estragos sobre la afectividad humana llegan a un potencial de devastación ni siquiera al alcance de esas caipiroskas que empapan a las Erasmus en la zona de Huertas. Ahí se han visto dramas. De pronto, sin embargo, lo criminoso son los amargos, esos *amari* que desde Italia supieron cifrar una noción de la vida elegante. La Universidad de Innsbruck ha facilitado «las primeras pruebas empíricas» de que este sabor «está relacionado con rasgos malévolos de la personalidad». Es como un adiós a la pandilla Martini y su suave *nonchalancia* en los puertos más prestigiosos del verano. O como un corte de mangas al sabio Ceronetti, que veía en el amargor el *primus inter pares* de los sabores.

Algunos seguiremos aun así bebiendo amargo, atentos a ese último coletazo del blanco en la garganta, amigos de todos los santos barmans de este mundo, sin que se nos caiga de los labios la expresión «*on the rocks*». Cynar, Fernet, Montenegro, Averna: vale casi todo, pero lo suyo es reivindicar el júbilo sin fin de un campari al caer la tarde. Mejor si es con un latigazo de ginebra. Eso le da mordiente, le da empaque. El campari es el amargo de los amargos, y su color es el color del sol que se pone: la vida pasa y ya vemos cómo estaba llena de aperitivos resueltos en el paso de brisa de un campari como quien dice sí a todo. Es una magnífica imprudencia antes de ponerse a cenar. Luego está el americano, que —como se sabe— es más bien parisino: lleva campari, vermú rojo y soda y no lleva ginebra para que el asunto permanezca pusilánime. Así no hay quien caiga en redondo. Por suerte, cierto conde italiano maniobró para que un barman le adicionara un tercio de ginebra en la mezcla. Ahí se abrieron los cielos y quedó hecho el negroni, como el primer día que amaneció maná. Con su cuerpo de golondrina, Audrey Hepburn solía tomarse dos negronis antes de cenar. Es la dosis que, para detonar la alegría, debería recomendar la OMS. Seamos, amigas y amigos, más imprudentes, más amargos, que nunca será un hombre serio quien nunca ha perdido los papeles.

Dichosos nuestros ojos que vieron Balmoral

Dichosos nuestros ojos que vieron Balmoral cuando en Madrid aún había más bares que parquímetros y era lícito aspirar a una felicidad cortés, liberal y relajada. La de sentarse —es un ejemplo— al mediodía y calmar la taquicardia con el escalofrío de un martini y un periódico de valor relativo ante el gozo del instante. Todo volvía entonces a un discurrir armónico y sin daño, con un ruido de hielo y coctelera y el solo nerviosismo de acabarse el plato de aceitunas. Sonaba la tertulia del aperitivo —claros varones barriosalmantinos— como una oración de fondo. La luz se iba dorando al través de los whiskies y los brandies, hasta una contextura de miel. Esa era una hora de prodigio en Balmoral.

Después, de un solo salto, uno podía ir al Centro Riojano a comer —es otro ejemplo— caparrones con matanza, plato de sencilla contundencia. La copa previa en Balmoral daba a la digestión un punto de facilidad y de alborozo. Luego había un sopor muy dulce en el paseo, con las tiendas que vuelven a abrir y la despreocupación de andar sin motivo mientras todo el mundo camina codiciosamente para algo. Fumábamos un puro, con esa ligereza que a veces tiene la alegría. La «sobria ebrietas» nos devolvía al trabajo poco a poco.

Cuentan que lloraba el más joven de los camareros cuando lo común es que llore el cliente frente a la santa paciencia de un buen barman, al mezclar la bebida y la moral, pasadas las ilusiones de la afabilidad alcohólica. En el móvil repicaron los mensajes —«Balmoral cierra, Balmoral ha cerrado»— con un sonido de gravedad fatal. Hasta entonces, todos se habían conducido elegantemente, con evitación y prudencia, porque Balmoral pertenecía al género de cosas que no cambian nunca, como el ritmo de las estaciones, los pasteles del domingo o la visita a esa tía abuela que nunca se termina de morir. Lo de menos era ver a poetas pijos o a periodistas de derechas, por lo general dipsómanos. Balmoral ha sido la mejor acepción de una ciudad donde, pese a todo, siempre habrá alguien con el gesto magnífico de echarle unos hielos a su copa de borgoña. Ahora ya pertenece a ese otro género de cosas tan perfectas que solo pueden pervivir en el recuerdo.

Han sido horas y horas, copas y copas en Balmoral, con el arrullo de la amistad y la conversación, en terreno placentero donde se habían mezclado la voluntad y la historia, la ginebra y un visto y no visto de vermú. Balmoral era un empeño humano tan conseguido como un orfeón o una orquesta sinfónica, con la perfección del concepto y —ante todo— algunas de las copas más sabias y cuidadas de Europa. Nunca lo visitaron los futbolistas ni los bárbaros, ni se convocó un botellón-protesta por el cierre. Hoy hay un «parking» para todoterrenos deportivos donde hubo Balmoral, vetusta gloria de los bares y los barmans, con esas avutardas disecadas que guiñaban un ojo cuando alguien llegaba a los seis whiskies. Más veneno tienen las nostalgias.

Por qué no ser un esnob del vino

La reina Victoria llegó a sufragar «fuentes de la templanza» para la conversión acuática de los ingleses, pero ni los ánimos ni las admoniciones han logrado acabar con esa sed biológica que —según Pla— siente el ser humano. Aun así, tal vez convenga un último intento. Quien, como uno, ha adquirido, al modo de Saintsbury, «un cierto conocimiento del buen vino y un horror ilimitado por el malo», tiene al menos la ligera autoridad que presta la experiencia a la hora de pontificar sobre la cuesta abajo vital que puede representar ese único ámbito de la vida donde la moderación no existe: el vino. Vayan, por tanto, unos motivados —y sufridos, ay— consejos, para que, la próxima vez que alguien le tiente con una cata, responda usted con la entereza de un padre del desierto. Al modo de los viejos catecismos, comenzaremos con una pregunta: ¿por qué no debe usted convertirse en un esnob del vino?

Porque, a partir de ahora, todos sus dolores serán nada ante un nuevo dolor: el del sumiller que, escaleras arriba, corre con su viejo burdeos y —*horresco referens!*— agita los posos. O el del camarero que trata su botella como si acabara de ganar el Gran Premio de Monza.

Porque hasta que logre usted aprender, va a tener que tragar cosas insufribles en el momento y vergonzantes en la memoria: cabernet «del desierto», esos borgoñas que sirven por copas en los bares de París, pardina blanca fermentada en barrica... ... Y porque, cuando al fin adquiera una experiencia, será rápido para ver los defectos y sentir la decepción.

Porque quedará usted condenado a beber vino bueno: un gran vino para acompañar una gran comida; un vino agradable para salvar una comida —o una compañía— mediocre.

Porque a veces le preguntarán: ¿Qué vino regalo para quedar bien? Y no, no esperan oír: «Hombre, con un Musigny de Leroy del 72 quedas como un tigre».

Porque de pronto se sentirá un habitante del pasado. Imagine que tiene sesenta años: ¿para qué comprar Burdeos del 2009 u oportos del 2011, que seguramente no llegue nunca a beber, y cuyo esplendor tan solo podrá anticipar desde lejos? Quedará usted condenado a vivir pendiente del retrovisor, allá por los años setenta, los ochenta, los noventa...

Porque, muy para su bochorno, comenzará usted a ser ese hombre que siempre detestó: aquel que, en los restaurantes, se entrega a todo tipo de gestos ampulosos a la hora de probar el vino.

Porque tal vez, antes de darse a su pasión, usted fuera un hombre discreto. Y ahora, sin embargo, notará cómo le miran en los restaurantes cuando posen a su lado una copa como un balón de reglamento o un decantador del tamaño de un águila imperial.

Porque, de pronto, palabras de uso corriente —variedad, casta, abrir, oxidación, degüelle— tendrán para usted un significado muy distinto.

Y, porque, a la inversa, a partir de un cierto momento tendrá que guardarse de desconcertar a los demás con alusiones al «pis de gato» o la «goma quemada».

Porque el corchazo existe. Y sí, increíblemente, se ha cebado con su Latour del 82.

Porque sus relaciones se resentirán: se necesita mucho amor para aguantar con paciencia su media hora larga de cogitación ante la carta de vinos.

Porque usted tal vez quiera algo muy loable, como es hacer de su cava la obra de su vida. Sin embargo, de modo indefectible, hay un día en que los niños quieren jugar con la vertical de Le Bourg de papá. Y ya puede usted blindarla, que sus hijos tendrán más malignidad que su bodega llaves. El pensamiento de que, con su Mouton del 70, han elaborado el calimocho más excelso que se pueda imaginar no es algo que le vaya a aportar consuelo.

Porque se tendrá que vigilar en los compromisos sociales. Cuando le inviten a cenar, por ejemplo, insistirá en llevar una semana antes las botellas, «para que reposen», y eso puede quedar raro. Del mismo modo, ha de saber que no en todas las casas tienen sacacorchos de lamas. La gente es más de cervecita, y benditos sean.

Porque sus amigos sabrán de su afición, sí, pero como si sufriera usted una enfermedad extraña. Para tener un gesto, muchas veces, en cenas y comidas, le harán elegir el vino para todos, camino siempre infalible hacia el fracaso y, en ocasiones, también hacia el ridículo. Su conciencia se verá sometida a tortura: ¿Una Coulée de

Serrant del 97, que es lo que usted quiere beber, o ese Barbadillo «helado» que pide todo el mundo? Es imposible —por gusto o por precio— no fallar. Y si acierta, claro, el mérito es del vino, no de quien lo pidió.

Porque tal vez esos amigos suyos de siempre empiecen a evitarle después de dos cenas en las que usted habla hora y media con el sumiller y media hora con su amigo.

Porque su sentido de la proporción se alterará. Por ejemplo, donde unos ven una locura —¡cuatrocientos euros por un Tondonia blanco del 57!—, usted verá una ganga: ¡cuatrocientos euros por un Tondonia blanco del 57!

Porque, en materia de vino, siempre buscará el grial, tan solo para saber que no existe. O algo mucho peor: que no puede pagarlo.

Porque, al aficionarse al vino, descubrirá usted que su voluptuosidad está enfrentada a su paciencia: no, ese Clos du Mesnil del 2000 no está hecho, y el del 92 debe afinarse todavía. Siempre pensará usted comprar para guardar... y siempre terminará sin guardar para beber.

Porque tendrá usted clara conciencia de una cosa: con el tiempo que le va a llevar conocer bien la Borgoña, bien podía haber aprovechado para hacerse registrador de la propiedad y comprarse toda la Borgoña.

Porque tendrá una nueva relación con el clima, raras aprensiones. Si a finales de septiembre da en llover en Pinhao, su corazón llorará de gozo: ¡es la marca de las grandes añadas! Si, por el contrario, sabe de un granizo primaveral en el Médoc, ese mismo corazón se arrugará de angustia.

Porque se convertirá usted en experto en materias harto sorprendentes. Por ejemplo, la meteorología histórica: ¡lo que no podrá usted decir del año de «*la canicule*», de 2003!

También, la geografía desconocida: ¡lo que no sabrá usted de la exposición sur del Clos des Goisses!

Porque se convertirá usted en un ser lo suficientemente despreciable como para mirar por encima del hombro a quien no pronuncie «Mon-ra-cha» al decir «Montrachet».

Porque no solo usted probará la paciencia de sus amigos: también ellos probarán la suya. Todo el mundo va a decirle que acaba de probar un vino que le encanta pero, «ay, cómo se llamaba». O, peor aún, «solo me acuerdo de que tenía una etiqueta así como blanca».

Porque de pronto usted, en una conversación normal, comenzará a desgranar con aplomo los muchos méritos de Vannat, para que alguien tercie y diga: «A mí lo que me encanta es el Viña Mayor. Tienes que probarlo».

Porque en cualquier cena, acto o festejo, con tal de que haya buen vino, lo pondrá usted. Eso es un quebranto económico, sin duda. Pero es peor el quebranto para su reputación cuando intente acapararlo.

Porque se verá usted sometido a extrañas tensiones. De pronto, probar un Ausone del 62 dejará de ser un amable ensueño para convertirse en imperativo categórico en conciencia.

Porque empezará usted a juzgar los años no por lo que pasó en la Historia, sino por lo que pasó en el vino: el 82, por ejemplo, ganó Felipe González, pero sobre todo, ¡qué vino hizo Martínez Lacuesta! *Encore*, lo peor de todo será su mirada de envidia a quien haya nacido en el 47, en el 70…

Porque usted ignorará la ira que le bulle por dentro hasta que no tope con el sumiller equivocado.

Porque puede usted terminar escribiendo textos como este. Y porque, aun así, le merecerá la pena.

Tres meses de becadas

La becada es un rito del otoño como la llegada del vino nuevo, las rastrojeras de octubre o —más prosaicamente— el cambio de hora: estos últimos años ha venido tardía, como los fríos, impuntual con ese San Martín que el refranero llenaba de «chochas sin fin». Resulta curioso que la becada haya sido tan apreciada en las mesas como maltratada por el idioma, pues solo en España su nomenclátor incluye el de pitorra, chocha, sorda o cega. En su *Historia natural*, el propio Buffon se refiere a ella como «*ce bon oiseau stupide*», y durante siglos, la indomeñable becada —ave siempre irreductible al enjaulado— tuvo que competir con el faisán por la primacía gastronómica. Al fin, si la becada ha hecho valer su misterio de dama ocelada de los bosques, ha llegado a suscitar tantas pasiones como para que los recetarios contemplen hasta el *merdocchio de becaccia*, que aquí castamente dejaremos sin explicar. Ha habido becadófagos insignes, como Grimod de la Reynière, gran partidario del mentado *merdocchio*, o como Brillat-Savarin, que se llenaba de becadas los bolsillos para ir pellizcando su carne a fin de ablandarla. Nuestro Marcial prefería los zorzales (*Inter aves turdus*) y Escoffier, la perdiz escocesa, ambos —en especial los pajaritos— capaces de hacernos renegar. Pla escribe el elogio de la becada y subraya que «come unos gusanos de gran categoría»: he ahí la razón de los sabores de profundidad nemorosa de este animal huidizo, tan fatigoso de tiro, al que —según leemos en *El crepúsculo de la becada*— «le gusta la humedad, pero no los remojones; le gusta la calidez, pero no el calor; le gusta el fresco, pero no el frío». De la becada, por otra parte, lo que más gusta es el bocado final de los sesos, capaces de inspirar un cuento al maestro Maupassant.

Los siglos han asistido al debate innumerable del periodo de *faisandage* —de mortificación— de la becada: no es lo mismo tomarla con cuatro días de oreo que con más de dos semanas. Atrás quedan las experiencias sápidas extremas, con la carne ya verdosa, casi en proceso de descomposición. Hoy, aunque la becada ha nutrido un copioso recetario, suele servirse clásicamente en salmis, con el sabor detonante de sus menudillos sobre un costrón de pan. No en todos los sitios la saben preparar, por lo que es mejor acudir a esos lugares que llevan más de un otoño-invierno a sus espaldas. La primera vez que se toma es importante. Deja poso. Yo me acuerdo de mi primera becada, cerca del Pirineo, con sombras de la hoguera sobre la pared y un vino negro y denso. Nos emborrachamos despacio, dando «gloria a Dios por las cosas moteadas». Desde entonces, la becada es un rito que mide el paso de los años. Pero ya con la primera supimos que, para comerse una becada, lo mejor es tener dos.

Diciembre

Vicios de escritor

Hay escritores de pipa como los teólogos suizos y escritores de puro como el tremendo Chesterton. Hay escritores de cigarrillo aunque los más especiales son los de cigarrillo oriental a lo Loti. También los hay de opio, véase Inglaterra, y de kif, véase Tánger. Eça de Queiroz, hombre tan fino, era de cigarrillo con boquilla. Hay escritores de té espiritualizante y jungeriano y hay escritores que vierten —como Larkin— la leche antes del té. Tolstói fue de té de samovar. Hay escritores de café. Entre los de café, los hay de café americano, otros de café espresso y otros, simplemente, de suspirar la vida desde un velador. Hay escritores de *château* bordelés, poetas de vinazo aldeano y escritores —pocos— que aspiran a la honradez de los crianzas. Otros se amargaron con el vino del exilio pero Cervantes hizo maravillas con Valdepeñas en pellejo. Hay escritores de whisky y escritores, más violentos, de whisky de centeno. Olvido a los más famosos, los poetas del ajenjo; la excepción de Churchill y el champán. Hay escritores de martini en bar déco y escritores de sobremesa con cálido brandy o de merienda a las luces del oporto. No olvidemos el ponche de don Carlos Dickens. No hay escritores de chocolate —una pena— desde Galdós y los escritores de éter y alkermes murieron con Lorrain. Huysmans dio la nota —je— con el kummel. Inexplicablemente, no constan referencias de escritores de chartreuse. Hoy están entre nosotros los escritores de Starbucks aunque también los hay de puro garrafón. Más de temer será el perfil novedoso del escritor abstemio. De todas maneras, cabe preguntarse si —al final— no ha sido mejor la literatura de los puros que la literatura de los porros.

Elogio del *booth*

En los restaurantes, el *booth* era ese banco corrido contra la pared o en un pequeño islote central, pervivencia de los tiempos en que los comensales se sentaban juntos y nunca frente a frente. En Francia, era la manera tradicional de comer en los bistrós; en Estados Unidos, es algo que sigue —aquí y allá— en todas partes. En Madrid han tenido *booth* el Ritz y Jockey. Esto último tal vez ya diga algo. El *booth* ganó en elegancia lo que perdió en uso. Desacostumbrados ya a estas sutilezas, entrar con un catecúmeno en Jockey era todo uno con ver su cara de alarma. Luego, sentarse a comer en el *booth* favorece la comunicación humana por cercanía corporal y las sutilezas de la mirada oblicua por oposición a escrutarse frente a frente como lobos. Véase que los amantes están siempre vecinos, nunca opuestos. Uno se sienta frente a frente, mira a los ojos, busca la mano y —naturalmente— tira el vino.

Burdeos, Borgoña y las pasiones contrarias

En la vida son importantes los arraigos, pero —izquierdas y derechas, ciencias y letras, morenas y rubias— no son menos importantes las opciones. Por eso es de agradecer que Burdeos y Borgoña al menos lo pongan fácil: lejos del narcisismo de las pequeñas diferencias, ellos han preferido ser distintos en todo. Pasiones rivales y contrarias, podemos separarlos incluso a ojos vista: Borgoña, con su botella panzuda; Burdeos, con su casco estilizado. No es de extrañar que esta diferencia haya saltado fuera del hexágono y que los viticultores del mundo empleen uno u otro recipiente según quieran adscribir lejanamente su vino a un estilo o a otro: recordemos el Cuvée Médoc de Riscal, por ejemplo, o la Cepa Chablis de Paternina. Y no solo es que sean distintas las variedades de uva: pinot noir y chardonnay en el viñedo borgoñón; por las márgenes del Garona, cabernet sauvignon y sémillon blanc. También hay lealtades divergentes en la elaboración: si el borgoña siempre es vino de una única uva; el burdeos hizo una virtud de su mezcla de cabernet, merlot y cabernet franc. En fin, Borgoña está en el este y en el interior; Burdeos, en el oeste, es una emanación del Atlántico.

Borgoña, además, pasa por ser el gran viñedo católico: ahí están sus piadosas subastas, sus romerías y homilías con ocasión de San Vicente. Burdeos, por su parte, se especializó en vender —y venderse— a los anglicanos y tiene mayor presencia protestante, judía y calvinista, a despecho del impulso dado a la viticultura por los obispos de la zona, el viñedo del converso Ausonio —hoy el carísimo Château Ausone— y las pías denominaciones de su nomenclátor: Gloria y Hosanna, l'Évangile y l'Angélus. Como fuere, Borgoña es monacal y Burdeos es episcopal, si bien el cardenal de Vernis, apuntemos, solo consagraba con meursault.

Los grandes *châteaux* bordeleses cuentan con suntuosas mansiones; en algunas aldeas de la Borgoña no hay ni un bar. Una sola propiedad bordelesa puede cubrir la extensión de varias minúsculas denominaciones de origen borgoñonas. En Burdeos, los grandes vinos se identifican por la bodega —Pétrus, Latour, Margaux, etcétera—, en tanto que en la Borgoña se identifican por sus viñedos de origen: La Tâche, Vosne-Romanée, Échezeaux, y demás. Y mientras la clasificación de la pléyade bordelesa apenas cambia desde el siglo XIX, la Borgoña cuenta con un sistema de demarcaciones por localización —región, subregión, municipio, viñedo, pago— que no es sino un complejo *patchwork* de derecho civil y atlas físico-histórico.

Por si esto fuera poco, y dicho sea con un grano de sal, el burdeos deja poso y tiene una capa bien cubierta, en tanto que la pinot sedimenta menos y también colorea la copa en menor grado. Burdeos, además, funciona mediante un sistema de sagas familiares o empresariales que pueden estar al cargo de una bodega durante siglos;

en Borgoña, la atomización de la propiedad ha propiciado que uno pueda beber vinos de Confuron-Cotetidot o de Jacques Confuron, del Domaine Leflaive o de Olivier Leflaive. En Burdeos, las bodegas sacan un vino principal y un segundo vino de una misma finca; en Borgoña, un mismo elaborador puede elaborar docenas de vinos distintos en fincas diferentes. En fin, el precio medio de un gran *château* bordelés suele ser más alto que el de los mejores pagos borgoñones, pero algunos viñedos de la Borgoña —Romanée-Conti, Le Montrachet— alcanzan precios siderales incluso para el *vedettariat* bordelés. Más aún: si el viñedo girondino es, por tradición, cosmopolita y abierto al mar y al mundo, el borgoñón mantiene las esencias y tradiciones, y también la carcundia, del agro galo. Y otro dato de importancia: si el burdeos se vinifica siempre en la propiedad, en la Borgoña bulle todo un mundo de *négociants*, de compradores y vendedores de uva que, para más inri, suelen ser primos hermanos de los elaboradores. De ahí, por ejemplo, los cientos de euros de diferencia de precio entre un Leroy de *négociant* y un Leroy de la augusta madame Bize-Leroy.

El ceremonial de aprecio al vino tampoco ofrece más paralelismos: en Burdeos, se bebe en la mesa; en la Borgoña, con ocasión de *une rencontre amicale*. Y si diferían las botellas, también han de diferir las copas para beberlos: más alta la bordelesa, de cáliz más ancho la borgoñona; del mismo modo, tampoco serán comparables las *grandes cuvées* de Burdeos y las *micro-cuvées* de la Borgoña. Por tradición, al burdeos se le ha otorgado fama de vino más intelectual, más frío, menos embriagador, en tanto que el blanco borgoñón de Chablis, según se ha dicho, «alienta las ganas de repoblar Francia». Sin embargo, también en este eje de sensualidad y la intelectualidad hay de todo: si Montaigne y Montesquieu bebieron burdeos, Diderot y Voltaire prefirieron la Borgoña.

¿Qué hacer con todos estos desencuentros? ¿Cuál es —ah, la pregunta— el mejor de los vinos de la dulce Francia? Burdeos o borgoña, al final, habrá que convenir con el catador Pierre Poupon: «Solo he llegado a comprender ambos vinos cuando he dejado de compararlos». Así sea.

El armagnac y las cuarenta virtudes

Entre los hombres era tradición hablar de la crisis de los cuarenta: para el armagnac, sin embargo, los cuarenta años son un momento de plenitud y de ambrosía. Figura entre esas pocas cosas que solo están bien si están muy bien. Alguna lección habrá también en el armagnac cuando se logra un espirituoso de matrícula a partir de un vino que solo podríamos ofrecer a un invitado plasta. Seguramente el armagnac es al cognac lo que la Borgoña a Burdeos: la alternativa de un rústico elegante, el valor de lo pequeño, el artesano frente a la marca. El cardenal Du Four se tomó el tiempo para enumerar las cuarenta virtudes del armagnac: entre otras, curar fístulas, preservar la juventud, devolver el movimiento a los miembros parados, aliviar la gota y, lo más poético de todo, «traer el pasado al pensamiento».

Lunares de canela

Quién sabe si en tiempos de *brownies* y de *cupcakes*, el turrón no estará condenado al mismo destino que los miriñaques, los corsés de ballena o ese casticismo coctelero que es —o era— el sol y sombra. Las blogueras de moda no lo recomiendan. Los *gastrohunters* lo encuentran vulgar. Los *foodies* lo mencionan con nerviosismo. Podemos pasar el fin de semana horneando pan de masa madre y haciendo calceta, pero los dulces de Navidad le merecen al hípster la misma sacra aprensión que a un rabino la morcilla patatera.

Al propio turrón no le ha ayudado su consumo inercial, ni el simple hecho —seamos francos— de que casi todos resulten inaceptables: hay que elegir entre precios muy altos o calidades muy bajas. Uno es consciente de todas estas cosas y por eso, como Figueras Pacheco en su tratado sobre la *Sabrosa historia del turrón y primacía de los de Jijona y Alicante*, sabe que este tema «no dejará de parecer un poco extraño». No por ello dejaremos de hacer, sin embargo, nuestra defensa sentimental del turrón, que mereció el elogio de dos de nuestros escritores más apuestos y elegantes: don Juan de Valera nos recuerda que «los jijonencos vinieron al mundo para ser, como Tito, las delicias del género humano», y Gabriel Miró siente su corazón transportarse en un mostrador de Barcelona y contempla, como en un arrobo, «todo Jijona, sus mujeres, sus almendros, sus manzanos, sus parrales». Precisamente contra el nacimiento mítico del turrón en Barcelona —a cargo de un cierto obrador llamado Francisco Turrons— escribiría Figueras Pacheco su citado opúsculo, con todo el amor por la *terreta* que puede sentir un diletante. Figueras nos recuerda que el turrón va mucho más allá de esos albores del siglo XVIII que postulaba la leyenda: Lope de Rueda y Quevedo y Tirso hablan de él, y «la fama del turrón peina canas tan abundantes y tan blancas como la nieve del Mariola y de la Carrasqueta». Esa es zona de la mejor almendra marcona y de la «mucha y delicada miel» que el botánico Cavanilles, tan sutil en la prosa, estimó como «la más deliciosa y estimada del reino». Como nunca nadie supo quién hizo el primer turrón, Figueras Pacheco propuso —en vano— un monumento «al turronero desconocido».

La del turrón iba a ser también, y ante todo, una historia de genio comercial, el de aquellos esforzados alicantinos que, con los neveros de las sierras, nos trajeron también los primeros helados y sorbetes al modo italiano, gran golosina del gusto dieciochesco. Si hubo un momento en que todo el mundo comía turrón —se llegaron a exportar treinta toneladas a Estados Unidos en los cincuenta—, también hubo momentos en que parecía que el turrón iba a comerse el mundo. Todavía hoy hay sagas comerciales en Alicante y en Jijona que surten a sus sucursales centenarias de Madrid, de Santander, o de

Bilbao, con nombres que se repiten —Picó, Mira, Garri-gós— como se repiten los Leflaive allá en los pagos de la Borgoña. Hubo fábricas turroneras en Gibraltar, en Nueva York, en Buenos Aires; hubo proyectos para alzarlas en Marruecos, allá por los años treinta. Fue una aventura empresarial —de gran éxito—, con «las sim-páticas gentes» de la montaña alicantina que viajaban por España y por fuera de España, «acomodando los macizos de turrones en las cajitas de chopo». Sí, todavía podemos viajar de La Habana hasta Santiago y que un viandante nos venda en medio del Escambray ese turrón de Alicante cuyos trozos «parecen jaspes blancos» y que endulzó la vida de doña Ana de Austria allá en la corte de Francia. Quién sabe si la del turrón no es una tradi-ción que hay que mantener, por respeto hacia nosotros mismos, o por esa sensualidad de «los muros de turrón, en dorada desnudez, con sus lunares de canela».

Cuenllas y los mediodías de la vida

Los mejores restaurantes son aquellos a los que has ido a comer y a los que —esa misma noche— no te queda más remedio que volver para cenar. En Cuenllas me ha pasado muchas veces, y le he guardado esa lealtad particular, esa militancia, que nos une a nuestro restaurante de confianza. He pasado mucho tiempo allí. He aprendido mucho allí. Al acercarse la hora de la comida, son casi ilimitadas las mañanas en que me habré oído a mí mismo decir «¿Vamos a Cuenllas?». Si alguien hubiese querido ajustarnos las cuentas, cualquier día a las dos de la tarde podía encontrarnos, manzanilla al aire, sacando brillo a la barra con la manga de la chaqueta, antes de pasar al comedor. Será que hay restaurantes que son mucho más que restaurantes, pero me cuesta mucho pensar que estos no han sido los mediodías de la vida.

Hay un sentimiento de comer bien que Cuenllas da de modo excelente, desde que coqueteamos con el aperitivo al último tumbo antes de salir por la puerta. En un cálculo coste/beneficio, Cuenllas compensa incluso la tragedia de engordar, y quizá sea este el lugar donde he puesto mis kilos más gustosos. Riñones. Esos callos que podían tomarse hasta en la cena. El foie, el foie tan célebre, como una profesión de fe en la grasa. Y no nos olvidemos del canapé de anguila. Por supuesto, en Cuenllas manejan con naturalidad las trufas y el caviar, que son de esas cosas buenas que hay que tomar cuando toca, pero ante todo nos sirve como un Dow Jones que nos indicara cómo va el otoño en materia de setas, cuándo es el momento de la alcachofa o el bonito del norte.

En el fondo, quizá podríamos definir a Cuenllas, al modo de los teólogos medievales, por la vía negativa. No sucumbió a la moda de las ginebras. No ha cambiado los manteles por los mantelitos. Nunca han cocinado un *bao*, ni han querido reformular la ensalada César, ni han alardeado de su —magnífico— tartar, fuera de carta. La propia carta no detalla quince denominaciones de origen *bio* ni pone nombres cuquis —«las croquetas de Manu»— a los platos. Aquí las tenazas para degollar oportos no están en la sala a título folklórico, ni el calvados —los calvados— se usa para flambear. El jamón es el jamón, las anchoas se sirven sin retórica y el hermano guisante sin disfraces. Naturalmente, Cuenllas nunca ha fingido no ser caro, pero ¿a cuántos lugares de nuestra avanzada civilización podemos ir a tomar una botella de Musigny para merendar? ¿A cuántos te la puedes llevar tú? Hay sitios donde se come muy bien y te llaman «chico»: este no es uno de ellos.

Una de las peculiaridades de la casa es pasar por sitio envarado cuando —de sí mismos— apenas afirman ser un bar de «tapas». Ambos extremos pueden defenderse. Sin salir de la calle Ferraz, los socialistas aprendieron aquí el punto exacto del langostino allá por los tiempos de Felipe González. El barrio siempre ha sido de un paño conservador y, en una primera visita, a nadie debería extrañarle verse teba contra teba con algún prócer del tardofelipismo. Y sin embargo hay también mucho de verdad en la humildad corporativa de considerarse un bar de «tapas», porque el restaurante de Cuenllas no es sino la emanación de la mantequería, y es la mantequería la que aporta su legitimidad al restaurante. La primera legitimidad, la cronológica, nos salta a los ojos en el rótulo: «Viuda de Cuenllas, desde 1939».

Por mucho tiempo, el colmado se limitó a vender bocadillos a los chicos del barrio, pero con el paso de los decenios se fue permitiendo otras ambiciones hasta ganarse una fama reverente. Aquí había quesos buenos cuando nadie traía quesos buenos, y salmón ahumado cuando aún no formaba parte de los alimentos de primera necesidad. Es así que para muchos se convirtió en un liceo del gusto, de acuerdo con ese silogismo particular según el cual si estaba en Cuenllas es que era bueno, y si era bueno tenía que estar en Cuenllas. Ahí el restaurante tenía que venir como una floración natural, y vino en el estallido económico de los ochenta, cuando todavía era cortesía regalarse latitas de beluga en Navidad. De entonces a esta parte, he podido observar que las relaciones entre la parte de ultramarinos y la parte de restauración son complejas como un concordato, pero se resumen en el tintineo de las llaves del dueño. Porque esta es otra ventaja de Cuenllas: la propiedad no es una sociedad inversora radicada en Minnesota, ni un jugador de básquet que se dejó ver el día de la inauguración. Aquí se sabe quién es la propiedad y se sabe dónde está —porque está ahí, agitando las llaves, cuadrando la caja como un elogio de la burguesía comercial.

Año tras año, Cuenllas ha formado parte de las mejores costumbres, del repertorio gestual que nos va endulzando el camino. Un personaje central —el personaje central— de la historia de Cuenllas es la abuela. Es la célebre viuda que da nombre al negocio, y ya sabemos que, desde las Clicquot, Lanson y Bollinger en el champaña, las viudas han sido empresarias de mucha mano. Ahora el establecimiento conoce su tercera generación, pero aún recuerdo haber visto a la abuela, de longevidad extrema, despachar tras el mostrador de mármol con la dignidad de una madre fundadora. La suya era una autoridad natural. Podía atender —y esto es literal— a ciegas; los dedos todavía ágiles para envolver una cuña de queso en décimas de segundo o aportar elegancia al gesto de cortar el salchichón en tacos. Es ella quien aportó su sabor, su carácter, al negocio. Luego la propia tienda sigue siendo una de esas tiendas en las que no lo parece pero hay de todo y todo cabe, de aceite de nuez a pan inglés o chacinas excéntricas. Y todavía, cualquier mañana de sábado comprobamos algo de sus viejos arraigos, y al entrar en el colmado podemos ver a una chica mona que espera turno, al carretillero que entra con sus portes y al encargado que le echa una firma en el albarán, mientras las lascas de nuestro jamón caen lentas sobre el papel de cera y alguien levanta la voz para preguntar si está ya «el pedido de la señora de Calderón». Valga la escena para subrayar que estos ultramarinos tienen algo de *piccolo mondo antico*, con esa elegancia madrileña medio zarzuelera medio parisién, de casticismo y chaquetilla blanca, a la que nos solemos referir con la denominación «de toda la vida». Un apunte: hace apenas unas semanas, vi al mozo que llevaba un

pedido a una clienta. Pocas cosas, pero buenas. Aún
parecía un otoño en Madrid hacia 1950.

Cuenllas es un lugar bien frotado por el tiempo y
—como en las iglesias bizantinas— en la mantequería
también saben jugar con la penumbra. Su interior abun-
da en recovecos gratos, ideales para el lento posado de
las telarañas sobre las botellas. Como una capilla mayor,
la más importante de estas hornacinas es la dedicada al
vino, porque Cuenllas es el lugar de los vinos finos, de
los borgoñas aéreos, de los champañas más dorados,
de Riojas directamente matusalénicos. Aquí todo es
posible, todo es bienvenido. Decantar un madeira con
dos o tres días de antelación. Pedir un vino agudamente
caro y que lo retiren motu proprio porque «no es de los
que nos gustan». Recalar un lunes mediodía y acabar
con un Mouton-Rotschild o, tan solo, caer por ahí y ser
agraciado con una copa del Hermitage que alguien
acaba de abrir y que es más viejo que tú. Cierto día,
Cuenllas Jr. me preguntó de qué año era. «1980», con-
testé. Estábamos de celebraciones y supuse que me trae-
ría una copita de vino dulce, tal vez un Px, de mi año.
Al poco aparece y me dice «del ochenta no tengo nada».
En la mano, a modo de sustitución, traía una botella de
Riscal del 25.

Los nombres de los restaurantes más queridos nos des-
piertan una rara mezcla de felicidad y hambre. Ahora
mismo, a miles de kilómetros de Cuenllas, vuelvo con la
imaginación a aquel comedor que lleva treinta años sin
cambiar: escribo a la hora de la sobremesa, en ese
momento de las comidas en que todo —sea la petición
de aumento o una declaración de amor— ha de cerrarse
pronto. En estos instantes, Andrés y Jesús pasarán con

los quesos para ir destensando la sonrisa. Así ha sido y será siempre, un mediodía tras otro, tantos ya en la vida, entre viejas etiquetas de borgoñas y esa viñeta de vino para consagrar donde dos ángeles nos despiden, bendiciéndonos, mientras salimos por la puerta con un remojón de whisky todavía entre los labios. Alguna vez, en broma, hemos dicho que esparzan aquí nuestras cenizas. Pero yo lo digo cada vez menos en broma.

«Comer no es ingerir.»
AZORÍN

Desde LIBROS DEL ASTEROIDE queremos agradecerle el tiempo
que ha dedicado a la lectura de *Comimos y bebimos*.
Esperamos que el libro le haya gustado y le animamos
a que, si así ha sido, lo recomiende a otro lector.

Al final de este volumen nos permitimos proponerle otros títulos de
nuestra colección.

Queremos animarle también a que nos visite
en www.librosdelasteroide.com y en www.facebook.com/librosdelasteroide,
donde encontrará información completa y detallada sobre todas nuestras
publicaciones y podrá ponerse en contacto con nosotros
para hacernos llegar sus opiniones y sugerencias.
Le esperamos.